KB140186

해양인문학으로
부산의 미래를 꿈꾸다
(I)

부경대학교
대학인문역량강화사업단

'이 저서는 2018년 부경대학교 CORE사업운영지원금의 지원을 받아 수행된 저서임'

『해양인문학으로 부산의 미래를 꿈꾸다』를 펴내며

부경대학교 대학인문역량강화사업단은 해양수산 메카인 부경대학교의 전통과 해양수도 부산의 지역 인프라를 바탕으로, 바다를 중심으로 하는 인간 삶의 총체적 연구인 '해양인문학'을 특성화하여 부산의 미래를 개척할 융합형 글로벌 인재 양성을 목표로 지난 3년간 대학인문역량강화사업을 수행하여 왔습니다.

부경대학교 대학인문역량강화사업단에서 추진한 사업에는 환태평양지역의 연구·교육 네트워크 구축과 연구 성과 공유를 위한 환태평양 국제학술대회, 해양인문학의 새로운 미래를 과거 속에서 찾고자 한 한국해양수산아카이브, 학생들이 자신의 발로 뛰어 제작한 해양인문지도 등 많은 프로그램들이 있었습니다.

해양인문학, 글로벌지역학, 인문융합전공 분야의 다양한 프로그램들 중 학생들에게 가장 인기가 있었던 것은 해외현지조사 프로그램인 '글로벌챌린지'였습니다. 해양수도 부산의 미래를 찾고자 총 32개국, 69개 도시에 총 87개팀 298명의 학생들이 현지조사를 벌였습니다. 2016년 첫해에는 부산의 미래를 해외사례에서 찾는 것이 현지

조사의 주된 목적이었지만, 해를 거듭하면서 주제의 폭과 깊이가 더해져 '해양도시의 역사와 문화', '해양산업', '해양도시 재생', '지구촌의 이주', '지속가능발전', '국제개발협력' 등 다양한 분야의 주제를 학생들 스스로, 또는 교수의 책임지도하에 현지조사를 하였습니다.

이렇듯 다양한 주제를 가지고 전 세계를 누빈 학생들의 땀과 노력 그리고 문제의식을 모두 담아낼 수는 없지만, 부경대사업단에서는 지역별, 분야별 대표 사례들을 제1편 해양인문학, 제2편 해양도시와 해양산업, 제3편 글로벌 시대의 문화교류, 제4편 글로벌 시대의 이주문제, 제5편 글로벌 시대의 창업과 취업 등으로 재구성하여 새롭게 편찬하였습니다.

구체적으로는 드넓은 대양을 누벼온 유럽국가의 역사와 문화를 통해 한국의 해양인문학은 앞으로 어떤 모습이어야 할까? 가까운 일본의 해양교육은 어떠한 방식으로 이루어지고 있을까? 아시아의 대표적 해양도시국가인 싱가포르의 해양문화의 특색은 무엇인가? 리버풀의 항만재생을 부산에는 어떻게 적용할 수 있을까? 오세아니아 대양을 품에 안고 있는 호주는 어떻게 해양공간을 관리하는가? 알래스카 원주민들은 지구온난화로 어떤 영향을 받고 있는가? 문학의 도시 더블린의 힘은 무엇인가? 지구촌 사람들은 어떻게 움직이고 서로 영향을 받는가? 등 다채로운 주제들이 망라되어 있습니다. 또한 글로벌 시대에 해외 취업과 창업에는 어떤 것이 있을까 등 현실적 고민을 담은 것들도 있습니다.

지역별, 분야별 대표 사례를 중심으로 재구성하였기에 '덴마크 코펜하겐과 오덴세의 시니어 코하우징(노인 합동주택)이 부산 노인 주거의 대안이 될 수 없을까' 또는 '세계적 해양도시였던 스웨덴 말뫼의 새로운 성장동력은 무엇일까' 등 부산을 넘어 한국의 미래를 위한 학생들의 소중한 경험이 실리지 못한 경우도 있습니다. 기회가 되면 여기에 실린 현지조사 이외에 세계 곳곳을 누빈 학생들의 소중한 문제의식과 흔적을 출간할 예정입니다. 또한 이러한 책 출간을 넘어 세계 속에서 자신의 눈으로, 자신들의 사회를 꿈꾸는 새로운 세대를 위한 자리를 마련하기를 희망합니다.

무한 개척 정신을 가지고 드넓은 태평양을 개척해온 부경인들은 앞으로도 새로운 도전을 통해 해양인문학의 미래, 부산의 미래를 넘어 대한민국의 미래, 그리고 진정한 세계시민으로서 새로운 지구촌 사회를 전 세계인들과 함께 만들어 나갈 것입니다.

부경대학교 대학인문역량강화사업단장
정해조

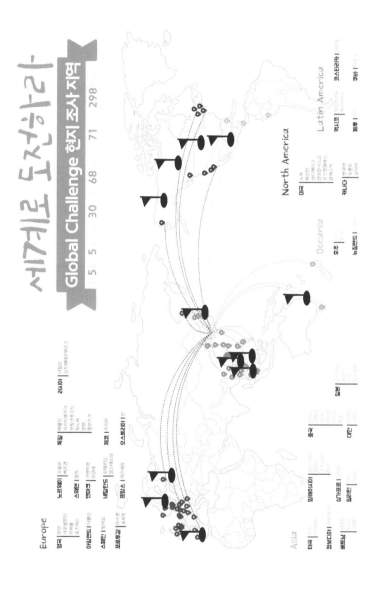

세계로 도전하라

Global Challenge 현지 조사 지역

5 5 30 68 71 298

Europe

영국 | 런던
        사우샘프턴
        리버풀
        포츠머스

노르웨이 | 오슬로
            베르겐

독일 | 베를린
        프랑크푸르트
        뮌헨
        함부르크

러시아 | 모스크바
            노보로시스크

스웨덴 | 웁살라

이일랜드 | 더블린

스페인 | 마드리드

덴마크 | 코펜하겐
            오덴세

네덜란드 | 암스테르담

체코 | 프라하

포르투갈 | 리스본

프랑스 | 파리

오스트리아 | 빈

North America

미국 | 뉴욕
        워싱턴
        로스앤젤레스
        샌프란시스코
        보스턴

캐나다 | 밴쿠버
            토론토
            오타와

Oceania

오주 | 시드니

뉴질랜드 | 오클랜드

Latin America

멕시코 | 멕시코시티

칠레 | 산티아고

코스타리카 | 산호세

쿠바 | 아바나

Asia

중국 | 베이징

일본 | 도쿄

말레이시아 | 쿠알라룸푸르

싱가포르

대만 | 타이베이

태국 | 방콕

인도네시아 | 자카르타

필리핀 | 마닐라

베트남 | 하노이

유럽 지역

Stanta Maria 팀(포르투갈) 단체사진

포르투갈 발견 기념비

포르티스 팀(영국) 단체사진

그리니치 천문대에서 바라본 그리니치

Unlimited Potential 팀(영국) 단체사진

영국 리버풀의 앨버트 독

함부르크 애틋하게 팀(독일) 단체사진

독일 함부르크 항

미주 지역

Van↔Bu 팀(캐나다) 단체사진

캐나다의 잉글리쉬 베이

PLUS ULTRA 팀(미국) 단체사진

바다에서 바라 본 미국 금문교

Bi-Cali 팀(미국) 단체사진

USS 미드웨이 박물관 입구

Hermanos 팀(멕시코) 단체사진

멕시코 캄페체 전경

아시아 지역

go go Sing팀(싱가포르) 단체사진

싱가포르 마리나 베이

아키라카 팀(일본) 단체사진

일본 하코다테 항구에서 열린 축제

인문학 Career 글로벌지역학 전문가
실습팀(베트남) 단체사진

베트남 커호 커피농장

갈래말레 팀(말레이시아) 단체사진

말레이시아 말라카의 해상 모스크

오세아니아 지역

Gloxert 팀(호주) 단체사진

호주 시드니의 달링하버

시드니텔 팀(호주) 단체사진

호주 시드니 오페라하우스

목 차

제2편 해양도시와 해양산업

제1편

해양인문학

1장 포르투갈의 대항해시대에서 본 해양인문학

2018년 하계 글로벌챌린지: 포르투갈
팀명: Santa Maria
팀원: 이병철(국제제역학부, 3학년)
김종호(사학과, 3학년)
이은빈(사학과, 4학년)
김민경(국제지역학부, 4학년)
남경민(일어일문학부, 3학년)

I. 들어가며

글로벌챌린지 사업은 해외의 해양도시를 현지 조사하여 해양도시로서 부산의 미래를 구상하고, 해양인문학을 기반으로 하는 글로벌 인재의 양성을 목표로 한다. 이를 위해서는 먼저 기존의 문제점을 파악하는 것이 필요하다. 한국의 해양인문학은 '해양강국 대한민국, 해양수도 부산'이라는 부산의 슬로건에 어울리지 않게 아직 정확한 개념도 규정되지 않은 상황이다.[1] 본 연구팀은 부산이 진정한 해양도시로서 미래를 설계하고자 한다면, 우선 부산이 가지고 있는 해양인문학적인 요소와 발전방향부터 명확하게 정립해야 한다고 생각한다. 이에 관해 참고할만한 모델로 선택한 나라는 바로 포르투갈이다.

포르투갈은 대항해시대의 선두주자였다. 1415년에 항해왕 엔리케

---

1) 엄태웅, 최호석, 앞의 논문, 161쪽.

가 북아프리카의 세우타를 정복했다.[2] 이후 바스쿠 다가마, 알폰소 데 알부케르케 등의 항해사와 정복자가 등장하여 포르투갈은 해양 강국으로서의 전성기를 누렸다. 본 연구팀은 그 경험에 주목했다. 한국의 역사에서는 포르투갈과 같은 해상진출 경험을 찾기 어렵다. 본 연구팀은 그런 경험의 차이가 두 나라가 가지는 해양인문학에서의 시야의 폭과 문화 차이를 설명할 수 있을 것이라고 판단했다. 이를 위해 본 연구팀은 현지 조사에서 주로 포르투갈의 대항해시대가 어떻게 진행되었으며 그 배경은 무엇인지 알아보았다. 또한 대항해시대의 해상진출 경험이 포르투갈을 어떻게 변화시켰는지, 현재 포르투갈에 미친 영향은 무엇인지 살펴보았다. 이러한 조사 결과를 바탕으로 포르투갈의 해양인문학이 어떤 전망을 제시하는지 밝히고자 한다. 또한 포르투갈의 해양인문학이 우리에게 어떤 의미가 있는지, 그리고 그러한 의미를 부산의 해양인문학 발전에 어떻게 사용될 수 있는지를 알아보겠다. 나아가 이를 바탕으로 부산의 미래설계에 대한 본 연구팀의 구상을 제시하겠다.

II. 포르투갈의 해양인문학

우선 본 연구팀은 해양인문학을 '해양을 배경으로 하여 이루어지는 인간의 각종 활동과 영향'을 연구대상으로 하는 학문으로 정의하겠다.[3] 또한 해양인문학이 해양도시의 정체성 형성과 발전과정에 중요한 역할을 담당한다고 이해하겠다. 포르투갈의 해양인문학은 어떠한

---

2) 김성준, 「대항해자들의 발자취: 항해하지 않은 항해자 엔리케 왕자」, 『해양한국』권03호, 1999년, 163쪽.
3) 엄태웅, 최호석, 앞의 논문. 161쪽.

배경과 특성을 가지는가? 앞에서 설명한 것처럼 포르투갈은 대항해시대의 선두주자였다. 현재 포르투갈의 많은 해양문화가 대항해시대에 기원했다. 그렇다면 포르투갈의 해상진출은 어떻게 가능했던 것일까?

현지조사를 통해 본 연구팀은 포르투갈의 해상진출 요인을 먼저 정리했다. 사실 포르투갈은 국명부터 해양국가의 특성을 띤다. 포르투갈이라는 이름은 포르투갈 제2의 도시이자 항구도시인 포르투(Porto)에서 유래했다.4) 포르투는 포르투갈어로 '항구'라는 의미다. 그러나 현재의 포르투 항구가 포르투갈의 어원이 된 것은 아니다. 도시의 역사는 로마 시대까지 거슬러 올라가지만, 현재의 구획이 갖추어진 것은 중세시기이다. 이때 포르투는 다른 유럽의 중세도시처럼 성과 그 밖의 마을로 분리되어 있었다. 이 중 도루강 근처에 있던 마을 지구의 이름이 포르투였는데, 이것이 바로 포르투라는 이름의 어원이다. 현재 히베리아 지구로 불리는 이곳은 도루강의 수운을 활용한 교역이 활성화되었다. 이곳을 시작으로 포르투갈이 확장되었으니, 포르투갈은 그 시작부터 해양·상업국가의 정체성을 가지고 있다고 할 수 있다.

포르투갈은 경계선에 서있는 국가이다. 먼저 포르투갈은 대서양에 접한 대서양국가이다. 동시에 포르투갈은 오랫동안 유럽의 중심부였던 지중해와 멀지 않으며, 북해와도 해상으로 연결되어 있다. 인문학적으로는 기독교권과 이슬람권의 경계에 있었다.5) 포르투갈은 대표적인 가톨릭국가지만 역사적으로 이슬람교의 영향을 많이 받았다. 무어인이 지브롤터를 넘어온 기원전 711년부터 포르투갈의 마지막 영

---

4) 한승욱, 「시민들의 생활 속에 자연스럽게 녹아드는 포르투갈 포르투의 인상적인 도시기반시설」, 『부산발전포럼』제169호, 2018년, 75쪽.

5) 주경철, 『대항해시대:해상 팽창과 근대 세계의 형성』, 서울대학교출판문화원, 2008년, 46~48쪽.

토를 재정복한 1249년까지 포르투갈의 역사는 이슬람과의 투쟁이라 할 수 있다.[6] 이슬람과의 오랜 싸움은 포르투갈에 여러 영향을 주었다. 가장 눈에 띄는 것은 가톨릭의 이데올로기화다. 포르투갈의 가톨릭은 일종의 호국 신앙으로 변했다. 현지조사에서의 예를 들어보자. 리스본 대성당[7]은 원래 이슬람교의 모스크가 있던 자리이다. 재정복 과정에서 리스본을 정복한 포르투갈은 모스크를 허물고 성당을 건축했다. 그러나 여전히 무어인의 위협은 남아있었으며 이를 대비하고자 대성당을 군사적인 방어가 가능한 형태로 건설했다. 그러나 모든 접촉이 이렇게 공격적으로 형성되지는 않았다. 여전히 포르투갈의 독특한 문화예술로 사랑받는 아줄레주(Azulejo)를 주목해보자. 아줄레주는 메소포타미아 지방을 시작으로 하는 타일 예술로 이름의 유래 역시 아랍어 aljulej 또는 azulej라는 말에서 유래한 이슬람 문화다.[8] 포르투갈은 이슬람 문화의 영향을 많이 받았으며 한편으로는 교류 과정에서 바다 너머 아프리카의 풍부한 산물도 접했다.[9]

기독교의 수호와 이슬람에 대한 적개심, 바다 건너의 부에 대한 환상과 지리적 이점 등은 포르투갈이 해상진출을 결심하는 계기와 원동력을 제공했다. 이후 수차례 항해로 포르투갈의 항로는 점차 확장되었고 바스쿠 다가마의 인도 항로 개척으로 포르투갈 전성기가 시작되었다.[10] 본 연구팀이 제로니무스 수도원과 벨렘 탑을 중점으로 탐방한 이유도 바로 여기에 있다.

---

6) 조이환, 「포르투갈인의 종교와 종교의식」, 『국제지역연구』제5권 제3호, 2001년, 189~190쪽.

7) 리스본에서 가장 오래된 성당으로 정식명칭은 Sé de Lisboa; Patriarchal Cathedral of St. Mary Major로 리스본의 주교좌성당이다.

8) 이승용, 「포르투갈의 장식 아줄레주」, 『EU연구』제15호, 2004년, 194쪽.

9) 주경철, 앞의 책, 48쪽.

10) 이 시기의 포르투갈의 역사를 대략적으로나마 이해하고자 한다면 주경철의 『대항해시대』나 중국 CCTV 제작진의 『대국굴기-포르투갈·에스파냐』 등을 참고하면 쉽게 접근할 수 있다.

<그림 1> 리스본 대성당   <그림 2> 국립 고미술관의 아줄레주

<그림 3> 제로니무스 수도원   <그림 4>벨렘 탑

　제로니무스 수도원은 바스쿠 다가마가 인도로 출발하기 전 마지막 밤에 항해의 성공과 자신의 무사(無事)를 신께 기원한 장소이다. 이후 항해왕 엔리케를 기리고, 바스쿠 다가마의 인도항로 개척을 찬양하고자 마누엘 1세의 명으로 1497년 Diogo de Boytac이 설계하여 1502년 공사가 시작되었고 1601년에 완공되었다.[11] 벨렘 탑은 테주

---

11) 이승용, 「포르투갈의 마누엘 양식과 그 상징에 대한 이해」, 『국제지역연구』제6권 제4호, 2003년, 265쪽.

강 하구를 바라보는 탑으로 리스본 항구를 출·입항 하는 선박을 감시하기 위해 만들어진 일종의 감시탑이다.[12] 두 건축물은 1983년 유네스코 세계유산에 동시에 등재되었다.[13] 두 건축물에서 본 연구팀이 가장 인상 깊게 본 부분은 건물을 수놓은 장식이다. 제로니무스 수도원의 기둥은 밧줄을 형상화한 조각으로 되어있으며 벽면과 천장의 장식은 밧줄과 산호초, 파도, 조개껍데기, 앵카와 캐러밸 선박 등의 조각으로 꾸며져 있다. 이 장식 요소들은 해양성이 농후하다. 특히 주목할 만한 장식은 바로 밧줄 문양이다. 밧줄 문양 장식은 서양 건축이나 장식의 역사에서 흔히 찾아볼 수 없는 모티브이다.[14] 먼저 밧줄이 왜 해양 특색을 가지는 장식인지 설명하겠다. 밧줄은 선상에서 가장 중요한 도구이다. 선박의 계류에 정박용 밧줄을 사용한다. 그리고 밧줄은 돛과 여러 깃발을 제어하는데 사용하며 물건의 운반과 보관에도 사용한다. 선상에서 밧줄은 육지에서의 그것보다 쓰임새가 무궁무진하다. 따라서 밧줄은 선상 문화를 설명하는 가장 중요한 물품 중 하나다. 전통적으로는 '구속', '속박', '지배' 등의 이미지로 해석된다. 이 둘을 결합하면 "포르투갈인들이 바다에 복종했다."로 해석할 수 있다.[15] 이러한 해양 장식 문양은 대항해시대 이후 건설된 페나궁전과 포르투의 볼사궁전에서 나타난다. 이는 대항해시대에 탄생한 해양문화가 왕실 문화에도 그 영향을 미쳤다는 사실을 말해준다. 유럽에서 해양문화는 전통문화에 비해 비주류였고, 왕실을 비롯한 귀족 문화는 보수적이면서 완고한 성향을 가졌다. 하지만 이와 달리 대항해시대에 만들어진 포르투갈의 해양문화는 보편적이

---

12) 이문원, 「옛 해양대국의 자취가 남아있는 리스본」, 『국토』2월호, 2010년, 74쪽.
13) 이혁진, 신애경, 「포르투갈 리스본의 역사문화경관 고찰」, 『한국사진지리학회지』25권 1호, 2015년, 94쪽.
14) 이승용, 「포르투갈의 마누엘 양식과 그 상징에 대한 이해」, 『국제지역연구』제6권 제4호, 2003년, 266쪽.
15) 이승용, 앞의 논문, 266쪽.

고 주된 문화로 확산 되었다.16)

대항해시대 이후 포르투갈의 해양인문학에서 가장 중요한 부분을 차지하는 것은 리스본 대지진이다. 리스본 대지진은 모든 성인의 축일인 1755년 11월 1일 아침에 일어났다. 지진 직전까지 리스본은 최고라고는 할 수 없지만, 여전히 부유한 해상국가였다. 인구는 25만 명에 달했지만 그 중 많은 수가 흑인과 이민자를 포함한 이방인이었다.17) 그러던 중 지진이 발생했고 이어 쓰나미가 리스본을 덮쳤다. 이로 인해 3만 여명이 사망했을 것으로 추정된다. 리스본 인구의 1/10이 한순간에 사라진 것이다. 건물 또한 절반 이상이 파괴되었다. 포르투갈뿐만 아니라 주변 국가들도 피해를 보았다. 영국 상인들은 700만 파운드 이상, 함부르크 상인집단은 200만 파운드 이상의 경제적 피해를 입었다. 이후 리스본은 정부에 의해 재건되었지만, 경제적 손실까지 복구되지는 못했다.18) 해상국가 포르투갈의 전성기는 이렇게 끝이 나고 말았다.

리스본은 대지진 이후 완전히 달라졌다. 지진과 쓰나미로 파괴된 도시는 서서히 복구되었으나 시내의 랜드마크인 리스본 대성당과 산 조르지 성 역시 피해를 입어 일부가 무너져 내렸다. 이를 잘 보여

---

16) 주경철의 연구에 따르면 1600~1635년 사이 912척이 인도로 가기 위해 리스본을 출항했으나 84척의 배가 실종되었다. 한편 리스본으로 귀환하는 배는 총 510척이었으나 이 중 75척이 실종되었다. 총 159척을 상실한 것이다. 포르투갈이 대서양 항해에 사용하던 초기 캐러밸선에는 한 척당 약 50명의 인원이 탑승했고 이후 조선술이 발전하면서 한 척당 탑승 인원은 150명 수준으로 상승했다. 단순 계산으로 포르투갈은 인도를 오가는 항해에서 35년간 2만 명의 남성 인구를 잃은 것이다. 여기에 브라질과 서아프리카로의 항해에서의 손실과 세계적으로 펼쳐진 전쟁(알카사르알바키르 전투에서만 8000명이 사망)에서의 손실을 더한다면 포르투갈이 입은 인구피해는 더욱더 심했다고 할 수 있다.

17) 1730년 파리에서 익명으로 출판된 『리스본 도시 해설』에 따르면 리스본에서 흑인과의 혼혈은 상당히 보편적이었으며 그 외에도 이민자와 노예가 많았다. 오랜 노예무역의 결과 많은 노예가 있었으며 포르투갈의 식민지에서 많은 이민자가 건너왔다. 도시에는 전통적인 무슬림 거주구역 또한 형성되어 있었다(니콜라스 시라디 지음, 강영이 옮김, 『운명의 날』, 에코의 서재, 2009년, 19쪽).

18) 니콜라스 시라디, 앞의 책, 67~78쪽.

주는 건축물이 카르모 수녀원이다. 카르모 수녀원은 대지진으로 붕괴된 모습을 그대로 보존하고 있다. 현지 조사에서 본 연구팀은 리스본의 두 가지 특징을 알 수 있었다. 첫째는 과거의 아픈 기억을 기억하는 일종의 다크 투어리즘19)적 성격이다. 다크 투어리즘은 자연재해에 의한 피해를 상기하고 대비의 중요성을 일깨우는 역할을 한다. 이는 수녀원 내부에 있는 고고학박물관에서도 알 수 있다. 박물관은 붕괴하기 이전의 모습과 지진 당시의 모습 그리고 지진 발발 이후의 잔해들을 전시하고 있었다. 그러나 마냥 어두운 모습만 강조하지는 않았다. 박물관에는 남미에서 건너온 두 구의 미라가 전시되어 있었다. 뜬금없이 미라가 있는 이유는 무엇일까? 포르투갈은 지진 극복 과정에서 경제적으로 남미 식민지에 의존했는데, 미라는 바로 그 시절을 상징한다. 한편 수녀원은 문화공간으로도 사용되고 있다. 내부에는 가설 공연장이 있어 연극, 전통 음악공연의 장소로 활용된다. 그림을 그리는 화가도 있다. 카르모 수녀원은 관광객과 시민에게 교훈과 재미를 동시에 주는 공간으로 사용되고 있었다.

대항해시대는 끝났지만, 포르투갈은 여전히 그 시절의 해양인문학을 잘 활용하고 있다. 가령 바다와 관련된 역사적 인물들은 도시 건축물과 광장, 그리고 다양한 분야의 상징으로 폭넓게 이용되고 있다. 포르투갈의 인도총독 알부케르케의 이름을 딴 알부케르케 광장이 벨렘지구 중앙에 있다. 바스쿠 다가마의 이름을 딴 다리가 건설되어 있고, 그의 무덤은 제로니무스 수도원에서 관광자원으로 활용되고 있다. 특히 포르투갈에서 영웅으로 추앙받는 엔리케의 경우 포르투갈 각지에 그의 동상이 설치된 것은 물론, 그의 이름을 딴 통조

---

19) 전쟁·학살 등 비극적인 역사 현장이나 재난이 있던 곳을 가서 그 의미를 되새기는 행위를 하는 여행을 의미한다.

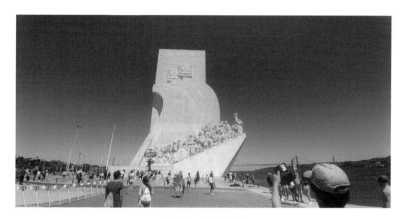

<그림 5> 발견기념비

림이나 선착장이 있다. 시내의 기념품 상점에는 그의 얼굴을 그린
장식품을 팔고, 그가 만든 항해 학교의 이름을 딴 맥주까지 있다.

　한편 발견 기념비는 포르투갈의 해양에 대한 의지를 나타낸다. 발견
기념비는 바스쿠 다가마의 인도항로 개척 500주년을 기념하여 1958년에
공사를 시작해 1960년에 완공된 건축물이다. 기념비는 대항해시대 당시
의 선박 모습으로 제로니무스 수도원과 벨렘 탑 사이의 바다를 바라보며
서 있다. 선수 부분에는 엔리케가 있고 그 뒤를 바스쿠 다가마 같은 항해
사와 지도 장인, 천문학자, 정치인, 그리고 선교사가 위치해있다.[20]

　기념비가 서 있는 장소는 바스쿠 다가마가 인도로 출항하던 바
로 그 장소이다. 그리고 기념비는 그 자리에서 다시 바다로 출항하
는 모습을 하고 있다. 발견이라는 단어가 어디까지나 서구 중심의
시각에서 생겨난 것이지만 대항해시대가 포르투갈에게 가장 영광
스러웠던 시기였던 점에는 이견이 없을 것이다. 바다를 향하고 있는
기념비와 해양 진출을 이끌었던 인물들을 되새기는 것은 바다를 통

---

20) 이혁진, 신애경, 「포르투갈 리스본의 역사문화경관 고찰」, 『한국사진지리학회지』25권 1호, 2015년, 95쪽.

해 다시 도약하고 싶은 포르투갈의 의지를 나타낸다.

포르투갈의 해양 산업 역시 활발하다. 특히 요트와 마리나 사업이 두각을 나타내고 있다. 리스본 벨렘지구부터 알파마 지구까지 요트 선착장만 6개에 달한다.[21] 이 사업들은 다방면에서 대항해시대의 이야기를 빌려 운영하고 있다. 한편 포르투에서는 시가지를 가로지르는 도루강을 따라 유람선 영업이 활기를 띤다. 특히 포르투만의 특색인 '포르투 와인'[22]과 유람선을 접목한 상품이 인기가 많다. 유람선 가운데 많은 수가 전통적인 와인 운반선의 모습을 하고 있다. 포르투의 유람선은 '항구'와 '와인'이라는 포르투의 형성에 있어 가장 중요한 두 개념을 적절하게 융합하여 홍보하는 역할을 한다. 이는 직접적인 경제적 이득을 넘어서는 홍보 효과의 역할을 한다.

본 연구팀이 조사한 포르투갈은 해양 국가 그 자체였다. 또한 포르투갈의 대표적인 도시 리스본과 포르투 역시 해양 도시의 정체성을 가지고 있다. 포르투갈의 건축물과 상징, 도시의 문화와 산업까지 도시의 많은 부분이 육지의 관점이 아닌 해양의 관점에서 바라보아야 제대로 이해할 수 있는 부분이 많다. 본 연구팀은 포르투갈의 오래된 해양 진출의 역사 혹은 해양에서의 생존 경험이 포르투갈의 정체성을 형성했다고 판단했다. 그리고 그 정체성은 해양인문학에 뿌리를 두고 있으며, 해양인문학의 성과를 더욱 풍성하게 한다.

---

21) 포르투갈 관광청 Visit Portugal https://www.visitportugal.com/en.

22) 현재의 포르투 와인은 포르투갈의 전통적인 동맹국이자 무역국인 영국과의 관계 속에서 수출용으로 처음 만들어진 것이 그 기원이다. 유럽의 다른 와인과는 달리 와인 제조과정에서 브랜디를 첨가해 상대적으로 도수가 높다.

III. 한국 해양인문학과 발전방향

한국에서 해양인문학은 비주류다. 본 연구팀은 국내 해양인문학이 발전하지 못한 이유를 한국의 역사에서 찾았다. 분명 우리 역사에도 주목할 만한 해양활동이 있었다. 그러나 그러한 해양활동은 지속되지 못했다. 오랜 기간 농업 중심의 경제활동만이 대접 받았으며 상업은 천시되었다. 농업의 우대와 상업의 천시로 자연스레 해양 활동을 경시하게 되었다. 이러한 사조가 유지되면서 해상활동의 명맥이 이어지지 못했다. 이와 같은 이유로 국내에서 해양도시가 성장하지 못했다고 생각한다. 물론 도서지역을 중심으로 한 해양문화나 수운을 활용한 조세제도, 초량왜관에서의 교역 등과 같은 해양활동이 있었다. 하지만 이것은 중앙과 육지 중심 활동의 주변부에 불과했다. 가령 조선시대에 많은 지도가 제작되었지만, 해도(海圖)는 매우 적은 것처럼 말이다. 한국은 포르투갈과 같은 풍부한 해상 경험이 없다. 근대에 이르러서야 비로소 적극적인 해상활동이 나타나기 시작했다. 사실상 한국의 해양활동은 근대에 처음 시작된 것이나 다름없다.

주변국과 비교하면 한국의 문제점이 더욱 부각된다. 포르투갈 현지 조사에서 본 연구팀은 포르투갈의 해양사와 대항해시대의 문화를 다룬 장소에서 중국과 일본의 존재를 빈번하게 찾을 수 있었다. 예를 들어보자. 국립 고미술관의 남미에서 온 귀금속을 바탕으로 한 세공품 전시실 바로 옆에 동아시아와의 교류를 전시하고 있었다. 중국제 도자기와 수납장, 중국인을 그린 그림, 마카오의 위치를 포함한 지도, 일본의 조총과 은 세공품, 인도양부터 일본까지의 항해도와 선박의 모습까지 전시되어 있었다. 그러나 그곳에서 한국의 역사는 찾아볼 수 없었다. 특히 충격을 받은 곳은 볼사궁전이었다. 포르투에 있는 볼사궁전에 있는 국가별 전시관에는 당시 19세기 말 포르투 상인들이 교류하던 20개 국가의 국장(國章)이 그려져 있다. 그곳에는 일장기와 국화로 상징되는 일본의 문양이 있었다. 문장은 볼사궁전을 처음 건설할 당시에는 없었지만, 일본의 사절단이 포르투에 왔을 때 추가된 것이다. 근대 이전 시기에 동아시아는 폐쇄적인 해양 정책을 펼쳤다. 하지만 중국과 일본은 부분적인 해상교류를 유지했고 그 역사가 바다를 통해 포르투갈에까지 남게 된 것이다. 이러한 세계적인 흐름에서 한국은 완벽하게 동떨어져 있었다.

한국의 해양인문학은 미약한 상태로 머물러 있었고, 주변 국가에 비해서도 발전이 더딘 수준이었다. 그러나 근대에 이르러 어업이 시작되고, 수출 주도형 경제 개발과 삼면이 해양과 접한 지리적 조건에 힘입어 해운업이 발전했다. 이에 해안가를 중심으로 공업단지가 형성되었으며 부산, 인천, 울산과 같은 많은 해항(海港)도시가 탄생했다. 하지만 이러한 발전은 물리적 성장에 한정된 성장이었다. 개발 논리에 따른 성장에 인문학은 상대적으로 뒤처졌다. 본 연구팀은 바로 이 부분에

<그림 6> 국립 고 미술관-중국 도자기   <그림 7> 국립 고 미술관-일본에 도항한
                                              포르투갈인 그림

문제가 있다고 판단한다. 많은 해항도시가 탄생하고 성장했지만 급격한 성장의 반대급부로 해양도시의 정체성이 형성될 시간이 부족했다.

인문학의 관점 역시 여전히 육지 중심의 시야에서 벗어나는데 어려움을 겪고 있다. 최근 목포대와 부경대를 중심으로 해양인문학 연구가 활발해지고 있다.[23] 그러나 한국해양재단에서 출판한『한국해양사』[24]에서 알 수 있듯이 해양인문학 연구는 아직 초보적인 단계에 가깝다.[25] 특히 많은 연구가 해양을 육지중심적인 시각에서 바라보고 있다는 한계를 가지고 있다. 앞서 언급한『한국해양사』에서 그 예시를 찾아보자. 제1권 3절「5세기 고구려의 패권과 서남해 연안항로의 경색」에서 정치적 변동에 따른 역사를 연구하면서 해양을 정치적 변화의 부수적인 역할로 한정해 서술하고 있다. 또한 해양에 대한 실증적 자료 역시 언급하지 못하고 있다.

포르투갈 현지 조사에서 본 연구팀은 해양인문학이 도시와 국가의 정체성을 형성시켰으며 그것이 여러 산업에 긍정적인 효과를 준다는 것을 깨달았다. 그리고 현재 한국의 해양인문학 역시 포르투갈과 비슷한 역할을 수행해야 한다는 결론에 이르렀다. 그렇다면 해양인문학이 어떤 방식으로 발전해야 현재 직면한 문제의 해결에 이바지할 수 있을까? 본 연구팀은 현지 조사에 기초해 육지 중심의 시선에서 벗어나 바다의 관점에서 바다와 육지, 그리고 인간 생활을 바라보는 시선이 필요하다고 판단했다. 왜냐하면 그러한 시선을 가져야 비로소 포르투갈과 같은 해양도시·해양국가의 정체성을 형성하고 도시의 미래를 설계할 수 있기 때문이다. 따라서 현지 조사를 토대로 부산의

---

23) 한임선, 「한국해양사 연구의 현황과 전망」, 『동북아 문화연구』제21집, 2009년, 68쪽.

24) 한국해양재단 편, 『한국해양사』(제1권), 한문화사, 2013년.

25) 한임선, 앞의 논문, 67~69쪽.

정체성과 미래 해양산업에 대한 초보적인 의견을 제시하고자 한다.

Ⅳ. 부산의 해양인문학 활용 방안

부산의 정체성은 부산이라는 이름의 유래에서 알 수 있다. 바다에서 배를 타고 들어올 때 보이는 산의 모습을 본 따서 부르던 부산(釜山)이라는 지명은 항구 도시이면서, 동시에 육지에 산을 잔뜩 끼고 있는 부산만의 독특한 정체성을 나타낸다. 초량왜관과 해군기지인 수영(水營) 그리고 조선통신사의 출발지였던 부산의 역사는 전형적인 해양도시의 면모를 갖고 있지만, 어디까지나 당시 이 지역의 중심지는 작은 분지 지형인 동래였다. 근대 이후 부산의 해양성은 일본에 의해 발전된 측면이 강하다. 따라서 부산이 가지는 가장 중요한 특성 중 하나는 식민도시라는 것이다. 피난 과정에서 항구를 통해 들어온 피란민이 산에 거주하며 만들어진 산복도로의 역사를 예로 들 수 있다. 현재 350만의 인구와 800만의 광역경제권을 가진 부산은 해양도시라고 할 수 있지만, 그 거대함과 식민도시라는 역사 때문에 해양도시와 육상도시의 성격을 함께 가지는 복합적인 도시로 발전했다.

따라서 부산의 해양도시로서의 측면을 부각하고자 한다면, 부산이 가지는 특성을 이해하고 활용해야 할 필요가 있다. 우선 부산이 가지고 있는 여러 이점을 활용해야 한다. 대표적인 이점이 바로 초량왜관과 조선통신사다. 왜관과 통신사는 한국의 다른 지역과 비교해서 부산만이 유일하게 가지고 있는 해양 경험 중 하나이다. 특히 지금도 시행되고 있는 조선통신사 축제의 활용을 강조하고 싶다. 현재 조선통신사 축제는 출항 행렬과 해신제 등이 복원되어 시행되고 있다. 그러나 축제는 여전히 전통행사 재현 등 과거 역사적 사건의 재현에 머물러 있다.[26) 여기에 본 연구팀은 조선통신사 축제가 가지는 해양축제의 의미를 더욱 강조해야 한다고 생각한다. 먼저 광복동 일대에 한정되어 있는 축제 장소를 영도대교 등의 해안으로 확장할 필요가 있다. 그리고 포르투갈이 와인 운반선을 활용한 것처럼 선박의 외형을 복원하고, 이를 영도 앞바다에 띄워 통신사가 해양을 통한 교류의 상징임을 강조하는 것도 좋을 것이다. 그리고 해신제의 의미를 더욱 부각할 필요가 있다. 해신제가 단순히 전통적인 제사가 아닌 '해상의 안전'을 기원하던 의식인 만큼 해양문화를 알리는 요소로 활용할 수 있을 것이다.

통신사뿐만 아니라 해양 상업에 관련한 역사적 공간을 더 활용할 필요가 있다. 포르투갈은 자신을 지배했던 이슬람을 적대했지만, 이슬람의 문화와 상업에는 긍정적이었다. 그들은 이슬람의 문화와 상업 활동에 대해 차별하거나 적대감을 가지지 않는다는 것을 보여주었다. 특히 포르투 상업거래소로 사용하던 포르투의 볼사궁전에 있는 아랍의 방에는 '알라여 여왕을 보호하소서'라는 말이 아랍어로 적혀있다. 이는 다른 문화를 존중하며 상업적 이익을 우선시하는 포르투갈의 해양문화를 상징한다. 하지만 한국의 경우 다양한 역사 인식 문제로 아직 포르투갈과 같은 수준의 관용을 기대하기는 어렵다. 그러나 앞으로 다가올 더 많은 교류를 위해 식민지배 경험의 산물과 근대의 해양 상업 유산을 적극적으로 보존할 필요가 있다. 이 유산들을 일종의 다크 투어리즘 형태로 활용해야 한다.

다음으로 해양 인물들의 적극적인 발굴과 활용이다. 포르투갈이

---

26) 장은진, 「역사문화유산을 소재로 한 조선통신사 축제 활성화 방안연구」, 『글로벌문화콘텐츠』제28호, 2017년, 169쪽.

바스쿠 다가마와 엔리케와 같은 해양인물을 적극적으로 발굴하여 산업과 문화에서 적극적으로 활용한 것과 달리 부산은 그렇지 않다. 부산의 상징으로 지정한 인물 중 해양과 관련 있는 역사 인물은 대부분 임진왜란에 복무한 수군 장수이다.[27] 아쉽게도 이런 인물들은 부산 태생도 아니며 부산을 상징하기에는 부족하다. 따라서 상술한 인물 이외에도 시민과 관광객이 부산을 해양 도시로 더 친숙하고 자연스럽게 인식할 수 있는 대표적인 인물이 필요하다.

부산은 국내에서 해양도시의 타이틀에 가장 적합한 도시이다.[28] 한편 정부 역시 부산의 도시발전 정책 비전을 동북아의 해양수도로 설정했다.[29] 이에 걸맞게 부산에는 2017년 기준 2,700만 명의 관광객이 방문했으며 그중 240만 명이 외국인 관광객이었다.[30] 그러나 해양산업에 친숙하다고 주장하기엔 문제가 있다. 부산의 해양관광은 대부분 해수욕장에 한정되어 있다.[31] 부산은 국내 최대의 요트 선착장이 있으나 요트산업에 대해 대부분의 사람들은 '부자 운동'이라 여기며, 요트 인구 또한 선진국에 비해 매우 적다.[32] 인구 350만의

---

27) 부산광역시 부산의 인물 https://www.busan.go.kr/bhchampion.

28) 부경대학교 인문역량강화사업단에서 조사한 해양종합지수에서 부산은 대표적인 해양도시로 인식되고 있음이 나타났고 부산항 역시 대표적인 항구로 인식하고 있음이 나타났다. 특히 부산항은 국내 항만물동량의 23.9%, 컨테이너 화물의 75.4%, 환적화물의 93.9%를 담당하고 있으며 국내 최대의 어항이기도 하다(류태건, 「'해양수도' 부산시 해양문화정책의 현황과 특성」, 『동북아세아문화학회 국제 학술대회 발표자료집』, 2014년, 500~501쪽).

29) 부산시는 도시발전 정책비전을 '21세기 동북아 시대의 해양수도'로 설정하기도 했고, 항만물류사업을 지역 전략사업 1순위로 선정하기도 했으며, 그리고 2012년도를 '신해양 경제시대를 선도하는 해양수도 부산의 원년'으로 규정했다(류태건, 앞의 논문, 501쪽).

30) 부산광역시 문화체육관광국 관광진흥과, 「2017 부산관광산업 동향분석 (배포용)」, 2017년 http://www.busan.go.kr/bbctdata01/1313609

31) 2017년에 100만 명 이상이 방문한 11곳 중 3곳이 해수욕장이다. 나머지는 원도심과 서면인근, 센텀시티 등이며 그나마 동백섬이 해수욕장이 아닌 해양관광지라 할 수 있다.

32) 성호준, 「우리나라 요트산업의 현주소」, 『해양국토 21』제3권, 2009년, 20-21쪽; 현우용, 「국내 요트산업 현황 및 활성화 방안」, 『해양수산』2권 3호, 2012년, 27~29쪽.

항구도시답지 않게 유람선 노선 또한 제한적이며 국제 여객터미널도 일본을 제외한 다른 나라로 가는 정기 여객선이 존재하지 않는다. 물론 여러 번의 해운 사고로 여객선에 대한 불신이 높아진 것도 사실이지만, 김해국제공항의 성장세에 비하면 부산의 여객터미널의 성장은 매우 더딘 편이다. 부산의 해양관광은 이제 막 첫발을 내디뎠다 해도 과언이 아니다. 따라서 해양인문학은 부산의 해양관광산업에 대한 친숙함을 높이는 이야기를 만들어야 한다.

V. 나가며

포르투갈은 특유의 해양문화 해양인문학을 축적했다. 포르투갈은 그 자산을 여러 분야에 활용하고 있다. 단적인 예로 1년에 포르투갈에 오는 외국 관광객은 17년 기준 2,200만 명 수준이며 관광수익은 151억 5,300만€다. 이 중 많은 수가 요트를 비롯한 해양 관광과 리스본과 포르투 두 도시의 가치를 활용한 여행이다. 이 수치는 동년도 대비 부산을 훨씬 뛰어넘어, 한국에 방문한 외국인 방문객(1300만 명)을 훨씬 웃도는 수치이다. 우리가 포르투갈을 그대로 모방할 수는 없다. 그러나 한국은 포르투갈의 경험을 공부해야 할 필요가 있다. 포르투갈이 해양인문학을 발전시킨 과정과 응용하는 방법을 부산에 맞게 변용해야 한다. 궁극적으로는 부산을 진정한 해양도시로 만들어 시민과 관광객이 거리낌 없이 부산의 해양문화를 즐길 수 있는 환경을 조성해야 한다.

참고문헌

<저서>

CCTV 다큐멘터리 제작진 지음, 양성희 옮김, 『대국굴기 강대국의 조건: 포르투갈·스페인』, 안그라픽스, 2007년

니콜라스 시라디 지음, 강영이 옮김, 『운명의 날: 유럽의 근대화를 꽃피운 1755년 리스본 대지진』, 에코의 서재, 2009년

주경철, 『대항해시대:해상 팽창과 근대 세계의 형성』, 서울대학교출판문화원, 2008년

한국해양재단 펴냄, 『한국해양사』(제1권), 한문화사, 2013년

<논문>

엄태웅, 최호석, 「해양인문학의 가능성과 과제」, 『동북아 문화연구』제17집, 2008년

김성준. 「대항해자들의 발자취: 항해하지 않은 항해자 엔리케 왕자」, 『해양한국』1999년 권3호, 1999년

한승욱, 「시민들의 생활 속에 자연스럽게 녹아드는 포르투갈 포르투의 인상적인 도시기반시설」, 『부산발전포럼』제169호, 2018년

조이환, 「포르투갈인의 종교와 종교의식」, 『국제지역연구』제5권 제3호, 2001년

이승용, 「포르투갈의 장식 아줄레주」, 『EU연구』제15호, 2004년

이승용, 「포르투갈의 마누엘 양식과 그 상징에 대한 이해」, 『국제지역연구』제6권 제4호, 2003년

이문원, 「옛 해양대국의 자취가 남아있는 리스본」, 『국토』2월호, 2010년

이혁진, 신애경, 「포르투갈 리스본의 역사문화경관 고찰」, 『한국사진지리학회지』25권 1호, 2015년

한임선, 「한국해양사 연구의 현황과 전망」, 『동북아 문화연구』제21집, 2009년

장은진, 「역사문화유산을 소재로 한 조선통신사 축제 활성화 방안연구」, 『글로벌문화콘텐츠』제28호, 2017년

류태건, 「'해양수도' 부산시 해양문화정책의 현황과 특성」, 『동북아시아문화학회 국제 학술대회 발표자료집』, 2014년

조관연, 양흥숙. 「<통신사> 역사 자원을 통한 부산시의 도시경관 만들기와 장소마케팅」, 『한국학논총』제40집, 2013년

<인터넷 자료>
부산광역시 문화체육관광국 관광진흥과, 『2017 부산관광산업 동향분석 (배
　　포용)』, http://www.busan.go.kr/bbctdata01/1313609
　　주 포르투갈 대한민국 대사관
　　http://overseas.mofa.go.kr/pt-ko/index.do
　　포르투갈 관광청 Visit Portugal https://www.visitportugal.com/en
　　한국 관광 공사 https://kto.visitkorea.or.kr/kor/notice/data/statis.kto

─── <여행소감 한 마디> ───

　　나는 개인주의적 성향이 강한 사람이다. 남의 선을 넘지도 말고, 내 선을 남이 넘
기를 바라지도 않는다. 나는 어쩌면 그것이 공동체 생활에서 가장 중요하다고 생각
했던 것 같다. 이 (포르투갈)프로그램을 하면서 7일 정도 동고동락하자 그러한 생각
이 조금 바뀌었다. 선을 지키는 것도 중요하지만 의지할 때는 의지하는 게 좀 더 좋
은 방향으로 공동체를 이끈다는 것을 깨달았다. 또 무엇보다 서로 진심으로 상대를
대하는 것이 중요하다는 것도 알게 되었다. 마음과 마음이 통하는 것만큼 관계에서
중요한 것은 없다는 것도 알게 되었다. 그렇기에 나는 이번 프로그램 내내 '마음이
동했다'라는 표현을 쓰고 싶다. 어떠한 장소와 시간들을 함께 나누다 보면 저절로
서로의 마음이 동한다.(이병철-국제지역학부)

2장 근대 해양문명의 심장, 영국을 찾아서

2018년 하계 글로벌챌린지: 영국

팀명: 포르티스

팀원: 박준형(국제지역학부, 4학년)

박소현(사학과, 4학년)

이유민(사학과, 4학년)

김희진(국제지역학부, 3학년)

염정연(일어일문학부, 3학년)

Ⅰ. 들어가며

'영국(United Kingdom)'이라는 국가는 유럽 대륙 서북쪽에 있는 섬 나라로, 그레이트브리튼 섬의 잉글랜드(England), 스코틀랜드(Scotland), 웨일스(Wales)와 아일랜드 섬 북쪽의 북아일랜드(벨파스트, Belfast)로 구성되어 있다. 1922년 아일랜드 자유국이 성립될 때 북아일랜드가 영국의 일부로 남음으로써 현재의 연합왕국이 되었다.

영국은 대항해시대에 선두주자로 나서며 강한 해군력으로 전 세계에 힘을 과시하였다. 해양을 제패하였고 많은 식민지를 건설하였다. 또한 식민지 건설을 통해 많은 국가와 교역을 이루었고 무역량도 증가하면서 점차 '대영제국'의 입지를 굳혀나갔다. 현재까지도 영국은 해양대국이라는 수식어와 함께 언급되고 있다. 그렇다면 영국이 대영제국, 해양강대국이 된 계기와 방법은 무엇일까?

본 논문은 근대 영국의 해군, 해군, 조선의 성장과 동아시아로의 진출에 대해 다룰 것이다. 또한 대영제국 당시의 영국이 동아시아 3 국(일본, 중국, 조선)과 어떠한 교류를 했는지, 이 3국은 영국의 어떤 문물을 수용하였는지, 수용 후에는 어떠한 변화를 겪게 되었는지에 대해 파악할 것이다. 먼저 한국 역사에서는 널리 알려지지 않았지만 사실상 가장 중요한 사건이라고 할 수 있는 영국의 '프로비던스호' 의 내왕에 대해 알아보고 그 사건 이후의 대내외 변화에 대해 알아 볼 것이다. 다음으로 현재 영국에서 하나의 문화로 자리 잡은 차가 유입된 역사를 중국과의 관계를 통해 알아보고, 차로 인해 발발한 아편전쟁이 중국과 영국에 끼친 영향을 알아볼 것이다. 끝으로 일본 역사에서는 영국으로 보낸 사절단인 이와쿠라 사절단의 역사와 수 행 임무를 중심으로 '교류'에 대한 측면을 알아볼 것이다.

II. 근대 영국의 해양문명

영국 역사는 자국에 국한되어 있지 않다. 영국의 역사에는 수많은 나라가 등장하고 서로 많이 간섭하면서 영향을 끼쳤기 때문이다. 여 기서 말하는 간섭과 영향은 곧 산업혁명을 의미한다. 영국 근대사에 서 산업혁명은 빠질 수 없는 용어다. 본 논문에서 언급하는 '근대' 라 함은 시기적으로 17~18세기와 그 이후를 의미하며 산업혁명을 기점으로 한다. 인간이 직접 하던 일을 기계가 대신하게 되면서 산 업, 생활 등 모든 분야에서 변화가 발생하였다. 산업혁명의 영향은 전 세계에 전염병처럼 퍼지게 되었다. 영국뿐만 아니라 다른 국가들 도 대량생산을 기반으로 수요와 공급을 맞추기 위한 큰 시장이 필요 했고, 원료를 수입할 장소와 상품을 판매할 장소도 필요하게 되었다.

따라서 영국은 산업혁명을 통한 경제적 이해관계를 이유로 다른 나라를 침략하여 식민지를 건설하고 강제적인 통상을 요구했다. 전부터 바다에서 우세를 보이며 나아가던 영국은 산업혁명을 발판삼아 대영제국 성립에 한 걸음 더 가까워지게 되었다. 하지만 단순히 산업혁명만이 영국을 '대영제국'으로 이끌었다고는 할 수 없다. 우리는 앞으로 그 요소들을 찾아보려고 한다.

1. 전쟁으로 패권을 장악한 영국 왕립해군

초기 해군은 상선과 군함을 구별하지 않았으며 필요에 따라 상선을 무장하고 군인을 태워 해상에서 전쟁하였다. 당시 해군의 힘은 강력하지 않았으며 자국의 상선을 보호하는 것이 가장 큰 임무였다. 영국 정부는 무기로 무장한 상선을 이끄는 해적을 이용하여 제해권을 장악하였다. 해적선이 자국(영국)의 상선을 침범하는 것을 불허하였으며 대신 외국 상선에 대한 침범을 허용하는 방식으로 해적을 이용하여 많은 해상 전투에서 승리하였다. 지금의 부정적인 '해적'의 이미지와는 달리 당시에는 자국의 전투에 이바지하였기에 영국은 해적에게 그에 상응하는 대우를 해주었다. 하지만 해적은 통제하기가 어려웠으며 유지비용 또한 상당했다. 점차 해적을 제재하기 시작하였으며 해군 건설에 관한 관심이 높아졌다. 따라서 해군은 1707년에 영국의 공식적인 군대가 되었다.

'Acts of Union 1707' 이후 잉글랜드 해군과 스코틀랜드 해군이 합병을 시도하여 왕립해군이 성립하였다. 이후 무역, 자본, 산업기술이 변화하고 진화하게 되었으며 왕립해군 또한 발전하게 된다. 스페인 왕위계승 전쟁(1702~1703) 때 네덜란드 해군과 함께 스페인, 프랑스 해군과의 전쟁에서 큰 활약을 펼치면서 왕립해군은 거대한 해군 조직으로 자리를 잡았고, 이를 계기로 영국은 유럽의 열강 중 한 국가로서 자리매김하게 되었다.

그렇게 상승세를 타던 영국 왕립해군은 프랑스 나폴레옹과의 전투인 트라팔가 전쟁에서 큰 활약을 펼치게 된다. 당시 왕립해군은 유럽 대륙의 침공을 막는 동시에 함대를 외국 밖으로 보내 힘을 과시하는 것도 가능했던 거대한 조직이었다. 특히 해상 교역로를 통제하는 것이 핵심 임무였기 때문에 상선, 범선, 군함, 전함 등 크고 작은 배들을 갖추고 있었다. 하지만 당시 영국은 육지에서 거대한 군사력을 장악하고 있는 프랑스 육군을 상대할 수 있는 인력과 숙련된 군사 또한 없었다. 따라서 영국은 이러한 자국의 결점을 알고, 대부분의 인력을 해군에 지원하여 프랑스군을 막는 전략을 취했다. 육지에서의 인력을 해군에도 동시에 지원하는 특이한 전투 방식이었다. 이 전투에서 전설적인 영국의 제독인 호레이쇼 넬슨은 HMS 빅토리호와 함께 큰 승리를 거두었으며 이후 영국은 바다에서 전략적 우위를 차지하였다. 이 시기에 영국 왕립해군은 프랑스와 스페인 해군 군사력을 더한 것보다 더욱 막강한 해군력을 보유하게 된다. 1914년까지 영국의 강력한 해군 우위는 계속되었고 그 기세를 몰아 전 세계의 바다를 제패하기 시작하였다. 이러한 모습들은 포츠머스에 있는 영국 왕립 해군박물관에서 자세히 볼 수 있다. 박물관은 무기, 군복, 훈장, 배지, 배 모형, 전함 등의 크고 작은 소장품을 보유하고 있다. 또한 해군의 훈련, 전쟁 시 각자 위치에서의 역할, 복지에 이르기까지 해군의 모든 것을 한눈에 알 수 있게 전시했다. 특히 나폴레옹 함대를 물리친 넬슨 제독의 초상화, 조각 작품들과 그가 활약했던 트라팔가 해전의 미술작품들은 강한 인상을 준다. 또한 박물관

내에 해군을 체험할 수 있는 적군함대를 물리치는 해전 게임기를 통해 더욱 흥미를 돋우어 해군에 친숙하게끔 하였다.

영국 왕립해군의 임무는 전쟁에서 그치는 것이 아니었다. 보통 해군이라고 하면 해전에서의 임무가 대부분이다. 그러나 영국 해군의 또 다른 임무 중 하나는 (뒤에 자세히 설명할) 삼각무역을 할 당시 무역상품인 '노예'를 수송하고 관리하는 일이다. 여기서 관리란 단순한 수송 감독만이 아니다. 영국 해군은 노예를 수갑에 채우고 폭력을 행사하며 무자비한 행위를 저질렀다. 삼각무역 당시의 노예무역은 영국에서는 중요한 사업이었지만 현재는 굉장히 어두운 단면으로 이해된다. 이 사실들은 리버풀 알버트 독에 있는 국제 노예 박물관과 그리니치 국립 해양박물관, 카나리와프에 있는 도크랜즈 박물관에서 확인할 수 있었다.

2. 동인도회사와 삼각무역을 통한 해운

동인도회사(1418)는 대항해 시대에 아시아와 무역하기 위해 설립된 회사이다. 동인도회사는 영국의 부유하고 이름 있는 귀족들이 돈을 벌기 위하여 인도로 가는 배에 투자한 것에서 시작되었다. 당시 대양 항해에 들어가는 비용은 엄청났으며 인도와의 무역은 위험부담이 컸다. 일부 상인들이 경쟁 회사들을 들이는 것에 반대하자 영국 여왕 엘리자베스 1세는 동남아시아 교역을 하던 상인들에게 아시아 무역 독점권을 부여했고, 동인도회사가 설립되었다. 동인도회사의 주요 목적은 영국 정부로부터 아시아 무역독점권을 허가받은 후 식민지를 개발하고 교역 하는 것이었다. 초기에는 인도네시아의 향신료 교역에 주력하고자 하였으나 네덜란드와의 우호 관계를 유지하기 위하여 주로 인도를 대상으로 교역하게 된다. 인도의 주력 사업은 면직물 수입이었으며 원료를 확보하기 위해 원주민에게 정치·경제적으로 압력을 가하였다.

1617년 동인도회사는 정부로부터 인도 통상권을 허가받았고, 이후 18세기부터 본격적으로 인도의 무역 시장을 장악하며 인도의 면직물 수입·공급을 독점하였다. 이윤을 획득하기 위해 다양한 형태로 무역을 진행하였다. 영국과 동인도회사 간의 쌍무적 무역, 동양 상품을 유럽에 재수출하는 방식의 중계무역, 아시아 여러 나라의 항구 연결을 통해 이루어지는 연계무역 등이 있다.

삼각무역은 17세기에 시작하여 18세기에 제대로 된 형태를 갖추게 되었으며 크게 두 가지로 발달하였다. 첫 번째는 영국, 아프리카, 아메리카 대륙을 연결한 것이다. 영국에서 아프리카로 생산된 완제품들이 수출되고, 그 대가로 아프리카인 노예들을 아메리카 대륙으로 이송시켰으며, 아메리카 노예들이 생산한 설탕을 자국과 주변 유럽 국가들로 수출하였다. 두 번째는 흑인 원주민들이 서인도 제도로 팔려 나가고, 뉴잉글랜드(미국 북동부에 있는 주)로 서인도의 당밀이 수출되는 형태이다. 이렇게 구성된 삼각무역의 특이점은 거래에 결정적이었던 주요 상품이 앞서 언급한 설탕이나 당밀이 아닌 '인간'이었다는 것이다. 영국은 흑인 노예를 들이기 위해 많은 생산품을 아프리카로 수출하였다. 아메리카에선 노예를 이용하여 설탕 플랜테이션 산업을 시작하였으며 플랜테이션으로 인해 발생한 이익은 다시 영국으로 되돌아갔다. 즉 삼각무역에서 영국은 상품 수출과 선박을 담당하였고, 아프리카는 노동력을, 아메리카는 플랜테이션 원료를 제공하였다.

삼각무역에서 막대한 비중을 차지하는 노예교역이 가장 활발했던 리버풀에 위치한 국제 노예 박물관을 방문하여 당시 노예무역의 실태를 직접 확인하고 올 수 있었다. 1700년 이후, 리버풀은 스페인·포르투갈·브리스틀·런던 등과 더불어 삼각무역에 가담하여 면·가공품·흑인노예 등을 아프리카·서인도제도·미국·유럽 등과 거래했다. 리버풀은 세계에서 가장 중요한 노예무역의 중심지였다. 1709년에 리버풀에서 30톤의 노예무역선이 아프리카를 향해서 떠났다. 이것은 리버풀이 구세계에서 가장 큰 노예 무역항이 되는 길로 나아가는 첫걸음이었다. 1703년에 리버풀은 노예무역 부문에서 15척의 배를 가지고 있었고 1771년에는 그 수가 7배로 늘어났다. 1709년에 리버풀 항이 소유하고 있는 선박 가운데 노예무역 선박의 비율은 100척 중에 한 척 조금 넘는 정도였으나 1795년에 리버풀은 영국 노예무역의 5/8를 차지했고 전체 유럽 노예무역의 3/7을 차지하게 되었다. 18세기의 한 연구자는 1783년과 1793년 사이에 878척의 리버풀 선박들로 수송된 303,737명 노예의 가치를 15,000,000파운드 이상으로 추산하였으며, 수수료와 선박 장비, 노예 유지비용을 고려하여 노예무역의 연평균 수익률을 30% 이상으로 결론 내렸다.

　노예무역으로 영국은 엄청난 수익을 벌어들였지만, 노예박물관에서 보았던 노예무역의 실체는 참혹하고 부끄러운 역사였다. 아프리카에서 수입한 노예를 아메리카로 운송하는 과정에서 대학살이 일어났다. 특히 반란과 자살이 잦았으며, 노예들에 대한 가혹하고 혹독한 대우가 노예들의 사망률을 높이는 결과를 가져왔다. 초기에 노예무역선의 높은 사망률의 원인은 긴 항해 중 상한 음식물로 인한 질병사였다. 그런데 자연사도 있는가 하면 질병에 걸렸다는 이유만으로 아직 목숨이 붙어있는 노예라도 바다로 내던져졌다. 이 부분은 리버풀 노예 박물관에서 봤던 충격적인 장면 중 하나였다(<그림 2> 참조).

　그리고 노예들을 초과 선적시키는 관행이 있었다. 노예상인의 유일한 목표는 배의 갑판을 흑인들로 빈틈없이 채우는 것이었다. 흑인 노예들이 차지할 수 있는 공간은 세로 5.5피트, 가로 6인치였다. 선반에 놓여있는 책처럼 정렬되어 선적되었는데, 두 사람씩 짝지어, 한 사람의 오른쪽 다리와 왼쪽 다리가 다른 사람의 오른쪽 손과 왼쪽 손에 묶이었다. 노예들은 죽은 사람이 눕는 관에서 한 사람이 차지하는 것보다 좁은 공간에 결박되었다. 그것은 마치 검은 가축 떼를 수송하는 것처럼 보였다고 한다.[33] 이처럼 노예들이 인권을 상실한 채 하나의 상품처럼 가혹하게 다뤄졌던 만행을 리버풀 노예 박물관과 카나리워프에 있는 도크랜즈 박물관에서 확인할 수 있었다.

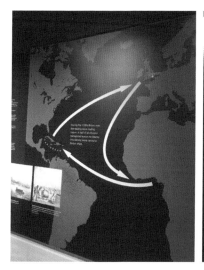 

<그림 1> 삼각무역을 보여주는 그림   <그림 2>노예 운송 과정에서의 대학살

---

33) Elizabeth Donnan, 'Documents Illutsrative of the Histroy of the Slave Trade to America(Washington, D. C., 1930-1935)'*(Octagon Books, Vol. 1,1969)* p.132.

서인도 제도(아메리카)는 대영제국 경제의 중심에 있었으며 영국의 번영에 큰 역할을 하였다. 삼각무역으로 인해 영국의 해운과 조선 분야에서는 대대적인 개혁이 이루어졌다. 플랜테이션 사업으로 인해 영국의 많은 선박은 곡물을 조공으로 받던 식민지로 향하기보다는 플랜테이션이 행해지는 서인도제도로 향했다. 대표적인 곳이 리버풀의 앨버트 독이다. 리버풀의 앨버트 독은 1972년에 폐쇄된 부두이다. 과거 식민지들과의 교역이 행해지던 항만으로, 서아프리카와 중점적으로 교류했던 곳이다. 앨버트 독은 서아프리카와의 교류를 담당했던 항구였지만 실제 노예 활동지역은 아니었다. 서아프리카에서 귀항하며 가지고 온 상품들을 저장하는 창고 및 컨테이너들만 있었을 뿐 노예는 아메리카로 직송되었다. 수출된 흑인 노예들은 아메리카에서 플랜테이션 농업을 경작하는 데에 쓰였다.

3. 포츠머스 조선소에서 성장한 조선(造船) 기술력

열강들과의 해전에서 줄줄이 승리를 거두는 해군으로 전 세계를 아우르는 교역의 범위로 해양 패권을 장악하던 영국이 계속해서 전성기를 누릴 수 있던 이유 중 하나는 조선업 때문이었다. 전쟁에서 승리를 거둘 수 있는 단단하고 빠른 군함과 교역에 유리하도록 만들어진 다양한 상선들을 계속해서 개발하고 만들어낸 영국의 기술력은 대단했다. 따라서 영국은 지금까지도 이름이 알려진 유명한 배들이 많다.

그중 하나가 '메리로즈 호'다. 1496년에 왕립조선소가 포츠머스에 건립되었고, 1509년 왕위를 계승한 헨리 8세는 포츠머스 왕립조선소에 새로운 군함 두 대를 건조하도록 명했다. 그중에서 헨리의 누이 이름인 메리와 튜더가의 상징인 장미를 본 떠 만들어진 군함이

메리로즈 호였는데 500톤 규모를 자랑하는 이 군함은 왕의 기쁨이 자 영국 함대의 기함이 되었다. 여러 전투에서 승리를 이끈 메리로 즈 호는 계속해서 활약하다가 1545년에 프랑스와의 전쟁 중 700여 명의 군 인력과 함께 침몰하였다. 메리로즈 호의 갑작스러운 침몰에 대한 정확한 사유는 아직 밝혀지지 않았다. 영-프 전쟁 당시 일제히 대포 발사를 하고 난 후 포문이 닫혀있지 않은 상태에서 방향을 전 환하는 찰나 강풍이 불어 한쪽으로 쏠린 무게와 당시 선체가 노후화 되어 있었기 때문에 침몰하였다는 추측이 있을 뿐이다. 비록 영-프 전쟁 이후 메리로즈 호는 더 이상 해전에서 활약하지 못했지만, 이 배가 침몰한 덕에 오늘날 당시 영국 군함의 기술력을 분석하는 데 큰 도움이 되었다. 메리로즈 호는 35년간 군함으로 이용되었으며 일 제히 대포 사격(한쪽 면에 있는 모든 대포를 한 번에 발사)이 가능 한 최초의 군함이었다. 이를 통해 당시의 영국 해군의 전투력이 대 단하였음을 알 수 있다.

<그림 3> 보존 중인 메리로즈 호   <그림 4> HMS 빅토리 호

또한 트라팔가 해전(1805) 당시, 넬슨 제독의 기함이었던 HMS 빅토리 호, 1860년에 건조된 영국 최초의 철갑전함 HMS 워리어 호가 포츠머스 조선소에 정박해 있었다. 역사에 길이 남을 전설적인 군함들이 포츠머스에서 만들어질 수 있었던 이유는 리처드 1세의 명으로 포츠머스 항구에 왕립조선소를 건설한 것으로부터 시작되었으며, 이후 포츠머스는 오랜 역사와 더불어 가장 중요한 해군 기지가 되었다. 18세기에는 영국의 영토 확장과 더불어 조선소가 급격히 성장하였으며 19세기에는 최고 전성기를 맞이하였다. 포츠머스는 영국의 가장 중요한 해군 기지였기에 제2차 세계대전 당시 포츠머스는 독일군의 집중적인 공습을 받아 대부분 지역이 파괴되어 큰 피해를 입었다. 영국 해양 역사에 남을 전함들을 건조했던 포츠머스 조선소는 1967년에 역할을 다하고 문을 닫았다.

삼각무역 또한 조선업에 많은 영향을 끼쳤다. 삼각무역의 과정 중 노예무역을 위해 기존과 다른 형태의 선박들이 제작되었기 때문이다. 선박의 형태를 바꾼 이유는 이동 중에 노예들의 사망률을 줄이고 더욱더 빠르게 목적지에 도착하도록 하기 위함이었다. 새로운 형태의 선박 건조 또한 리버풀의 앨버트 독에서 행해졌는데 그 이유는 선박을 건조하는데 필요한 밧줄 공장이 리버풀에 15곳으로 가장 많이 있었기 때문이다. 리버풀 선원의 반이 의도치 않더라도 노예무역에 종사하였다. 조선 관련 업종에는 목수, 칠장이, 보트 제작자, 그리고 수리나 장비와 관계된 숙련공과 장인, 그리고 수수료, 독세, 보험 관련 업종 등이 있었는데, 이 모든 것은 삼각무역과 부분적으로 관련되어 있었다.

따라서 이 시기에 리버풀에 거주했던 사람들은 대부분 삼각무역에 직간접적으로 연관되어 있었다고 한다. 노예무역을 활성화하기 위해 새로운 형태의 선박을 만들어 이윤을 취했다는 것은 도덕적으로 비난할 수 있는 일이지만, 당시 영국의 가장 큰 교역의 이윤이 노예무역이었던 점을 고려할 때 이를 극대화하기 위한 조선 기술의 발전은 어찌 보면 당연한 순서였는지도 모른다.

Ⅲ. 영국의 동아시아 삼국으로의 진출

전 세계를 무대로 많은 양의 교역을 했던 영국이지만 대항해시대 영국의 교역을 떠올릴 때 동아시아를 연관시키기란 쉽지 않다. 당시만 해도 조선, 중국, 일본 모두 쇄국정책을 진행하여 외국과의 교역, 특히 서양문물을 받아들이는 것에 소극적이었다는 사실도 있다. 그렇다면 대항해시대, 교역 강대국 영국은 동아시아와 아무런 접점이 없었던 것일까.

쉽게 떠올릴 수는 없지만, 역사적 사실에 비춰볼 때 접점이 전혀 없지는 않았다. 중국과 일본은 비교적 나중에라도 다수의 국가와 교역을 하며 문물을 받아들였고, 전쟁이나 큰 규모의 무역에 연관되어 있어서 영국의 박물관에서도 비교적 쉽게 그들의 기록을 찾아볼 수 있었다. 또 역사적으로 크게 기록된 사건이 많지 않은 조선조차도 최근 부산 남구에서 영국의 배가 최초로 조선에 접촉한 기록이 발견된 바가 있다.

영국이 해양 분야에서 큰 명성과 세력을 떨쳤던 열강이라는 사실은 분명하다. 하지만 그들의 위대함이 우리의 세계에도 영향을 미쳤는지는 알려진 바가 많지 않다. 아무리 대단한 나라더라도 우리와 전혀 연관이 없는 남의 나라 이야기에 그친다면 유명한 소문을 듣는 것에 지나지 않는다. 따라서 본격적으로 동아시아라는 우리의 세계와 해양 문명의 강대국 영국 사이의 관계에 대해 알아보고자 한다.

1. '프로비던스 호'로 보는 영국 해군과 조선(朝鮮)

최초로 부산에 상륙한 배는 어떻게 조선에 오게 되었을까? 무엇 때문에 조선에 당도하게 되었을까? 그 해답을 가진 배의 이름은 providence 호로, 브로튼 함장이 이끌었던 영국의 배이다. 그것도 그냥 상선이 아닌 영국 해군의 해양 탐사선이었다. 머나먼 땅의 해양탐사선이 먼 조선까지 왜 왔는지, 그리고 이 배가 조선에 내항함으로써 조선에 어떤 영향을 끼쳤는지 대해 알아보려 한다.

대항해시대 이후 영국은 지금까지도 꾸준히 세계 해양강국 중 하나로 손꼽힌다. 그 배경에는 여러 가지가 있겠지만 여기서 주목할 점은 바로 해군과 해양탐사다. 사실 많은 이들이 영국과 조선 사이에는 거문도사건이나 조영수호조약 정도의 접촉이 전부라고 생각할 것이다. 하지만 사실은 달랐다. 우리나라의 기록에서는 잘 찾아보기 힘들지만, 영국의 해양 탐사지나 항해기에 기록된 사실이 있다. 그중에서도 이 글에서는 조선에 처음 당도하였던 영국의 배인 프로비던스 호와 이 배의 함장인 브로튼에 대해 알아보고, 나아가 브로튼이 이끈 프로비던스호의 방문 이후 조선의 변화까지 살펴보고자 한다.

근대 유럽 국가들의 식민지 경쟁에서 후발주자였던 영국은 북아메리카, 인도를 식민지로 편입하고 아프리카와 아메리카 대륙 간의 노예무역으로 막대한 부를 축적하였고, 18세기 말에 대영제국의 기틀을 마련하였다. 영국 해군에게는 자국 상선의 보호뿐만 아니라 세계의 각 지역과 대양을 탐사, 측량하여 무역로를 개척하는 역할이 부여되었다. 원자재의 확보와 상품 시장으로서의 식민지 개척을 위해 미답의 지역을 조사하여 지도와 해도를 기록하는 일은 영국 해군의 중요한 임무였다. 북아메리카를 탐사한 밴쿠버 함장(Captain George Vancouver 1757~1798)이나 태평양을 항해하면서 오스트레일리아, 뉴질랜드 등을 탐사했고 3차의 세계 일주 항해를 한 쿡 함장(Captain James Cook 1728~1779) 등 해군에 소속되었던 영국인들은 지리상의 발견에 한 획을 그었다. 유형수들을 동원하여 식민지를 건설할 새로운 영토를 찾고, 태평양이나 대서양의 여러 섬에서 식용 식물자원을 찾거나, 북대서양에서부터 캐나다 북극해를 거친후 북태평양으로 나가는 항로인 북서 항로를 발견하는 등 이들의 탐사항해는 본국의 상업적·제국주의적 욕망에 부응하기 위한 것이었다. 해군선에는 과학적 조사를 위해 학자들이 타는 사례도 있었는데, 다윈(Charles R. Darwin 1809~1882)이 승선했던 비글(Beagle)호의 세계일주 항해(1831~1836)의 목적에는 남미 대륙 해안선의 지도를 작성하라는 영국 정부의 명령도 포함되어 있었다.[34] 이렇게 해군에 소속되어 있던 영국인 탐험가들의 활약으로 영국은 바다에 후발주자로 뛰어들었으나 얼마 지나지 않아 전성기를 맞이할 만큼 강성해졌다. 그들의 탐사기록은 무역이나 식민지, 항로 활용 등에 요긴하게 쓰였다. 이와 관련된 기록들은 필자가 방문했던 영국 도서관의 제임스 쿡의 항해 특별전, 포츠머스 왕립 해군 박물관, 메리로즈 박물관, HMS.33호, HMS WARRIOR 1860호, 리버풀 머지사이드 해양박물관, 그리니치 국립 해양박물관 등에서 관련 자료나 유물, 사진 등에서 볼 수 있었다.

---

34) 김낙현, 홍옥숙, 「브로튼 함장의 북태평양 탐사항해(1795-1798)와 그 의의」, 『해양도시문화교섭학』 제18호, 2018년, 183~184쪽.

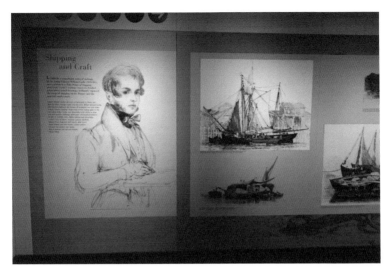
<그림 5> 런던 카나리 워프 박물관-제임스 쿡 함장의 항해 관련 전시물

나폴레옹 전쟁 이후 전 세계의 해양을 지배했다고 평가되는 영국
은 전 세계 각지에서 무역에 종사하고 있는 자국 선박의 안전을 위
해, 또 상업적이고 자본주의적인 목적을 위해 개척되지 않은 해양의
탐사에 국가적인 지원을 아끼지 않았다. 그렇게 영국은 세계 각지로
해군 탐사선을 보내어 자국 선박의 안전을 지키는 것은 물론이거니
와 해양탐사 및 지도의 작성 임무를 맡겼다. 세계 각지에서 실시된
영국 해군의 해양탐사 자료는 본국으로 보내졌고, 함장들 역시 귀국
후 본인의 항해기를 책으로 펴내었다. 알려진 정보들은 식민지 침략
의 도구로 사용되거나 무역로를 개척하는 데 쓰였다. 나아가 각 분
야 학자들의 궁금증을 유발해 모험을 불러일으키고, 거기서 새로운
발견과 탐사를 할 수 있도록 하였다.

그렇게 세계 각지를 항해하며 해양탐사를 했다면 당연히 우리나라, 조선에도 당도했을 것이다. 그 첫 번째 도착에 관한 기록을 실록에서 찾아볼 수 있다. 정조 21년 9월 6일 壬申 1번째 기사에 그에 관한 내용이 기록되어있다. 이 기록은 바로 영국 선박이 조선의 땅에 당도하여 영국인과 조선인의 첫 만남을 담고 있는 조선의 첫 기록이다. 이것은 경상도 관찰사 이형원과 삼도수군통제사 윤득규의 보고서로 작성된 것으로, 당시 (부산) 용당포에 나타난 배의 외양과 승무원들의 모습 등을 설명하고 있다. 내용을 자세히 살펴보면 배 안에 있던 50여 명이 모두 눈이 파란 서양인이며, 역관을 통해 중국어·만주어·일본어·몽골어로 의사소통을 시도했지만 모두 알지 못해 의사소통에 실패했다고 한다. 글을 써보게 했더니 그림과도 같아 전혀 알아보지 못했다고 기록되어 있다. 1797년 당시에는 영어를 쓰는 외국인을 만난 것이 처음이었다는 것을 알 수 있는 대목이다. "배의 길이는 18파(약 27m), 폭은 7파(약 7m)이며, 좌우 아래에 삼목(杉木) 널빤지를 대고 모두 동철(銅鐵) 조각을 깔아 튼튼하고 정밀하게 하였으므로 물방울 하나 스며들지 않는다고 하였습니다."[35]라고 배의 모습을 설명하고 있다. 또한 동래부사 정상우의 보고를 들어 "아마도 상선이 표류하여 이곳에 도착한 것 같다."라고 전했다. 이렇듯 실록 내용에서는 상선으로 추정하고 있으나 사실 그 배는 87톤급 군함으로 1795년 영국을 떠난 providence라는 이름을 가진 배였다.

providence 호는 1793년 영국의 국왕 조지 3세(George III 1738~1820)의 명으로 윌리엄 로버트 브로튼(William Robert Broughton 1762~1821)이 함장이 되어 태평양과 북동아시아 원정에 나선 배이다. 또한 400톤급 Sloop형 포함 HMS Providence 호로 대포 16문을

---

35) 『正祖實錄』卷47, 正祖21年 9月 6日 壬申.

장착하고 있었다. 115명의 승무원을 태운 배로 약 2년간의 장기항해가 가능한 영국 해군의 군함이었다. 1795년 2월 15일 영국에서 출항하여 대서양을 횡단하고 호주와 하와이를 거쳐 1796년 6월 5일 북미 몬터리에 도착했다. 여기에서 브로튼 함장이 해군성으로부터 받은 임무는 남미대륙 남서부해안을 탐사하는 것이었으나 이미 영국 해군 군함 Dicovery호와 Catham호가 같은 탐사 목적으로 출동 중이라는 소식을 듣고 그는 자기의 탐사지역을 동북아 해안인 조선 해역과 일본 북부, 유구 열도로 수정하기로 했다. 그리고 1797년 10월 13일, 일몰 경에 부산 용당포에 닿았다. 여기서 브로튼 함장과 그 일행들은 처음 조선 사람과 대면했고 부산항을 탐색·조사한 후 10월 21일에 이곳을 떠났다.[36] 조선 땅에서의 체류 기간은 9일 정도였다. 이 9일 동안 행해진 그들의 해양탐사 기록이 조선에 많은 변화를 가져올 줄은 그 누구도 상상하지 못했다.

함장 브로튼이 귀국하여 1804년 런던에서 출판한 그의 『북동항로로의 항해』가 유럽에 소개되고 나서 동북아 해역으로 항해하고자 하는 많은 군함, 탐사선, 상선, 포경선들에 의해 이 항해기가 널리 읽혔다. 16세기 이래로 영국이 작성한 세계지도와 해도는 당시 세계 해양탐사와 식민지 획득이라는 국가적 사명을 안고 있던 서구 열강에게는 나침반과 같은 존재였다. 따라서 영국이 조선해역에서 탐사하고 출판한 항해기 역시 동북아 지역으로 항해하고자 하는 서구인들에게는 필독서가 될 만큼 널리 보급되었다. 또 이것이 알려지지 않았던 동방의 신비로운 나라, 조선이 서구 사회에 널리 알려지게 된 첫 계기가 되었다. 그의 책에는 조선을 자신의 항해기에 'Corea'

---

36) 김재승, 「朝鮮海域에서 英國의 海上活動과 韓英關係(1797-1905)」, 『해운물류연구』 제23호, 1996년, 220쪽.

의 '초산'(Chosan 또는 Thosan)에 입항했다고 기록하고 있다. 그리고 9일간 부산에 머무르면서 항구의 모습과 산의 지형, 해안선의 형태 등을 조사한 것과 항해 중에 기록한 나침반의 변화, 기압과 온도계의 상태, 일일 항해 거리, 위도와 경도 등을 적은 표, 인수어, 오키나와어, 중국어, 한국어, 일본어 숫자, 홋카이도와 오키나와와 한국에서 자라는 채소의 이름을 채록하여 만든 표도 함께 첨부하였다.[37] 실제로 그의 책에는 조선어 낱말 38개가 실려 있으며, 26종의 식물표본을 채집해 간 기록도 나와 있다.

그들은 조선을 떠날 때 망원경과 영국제 총을 선물로 주고 갔는데, 이는 해금정책으로 서양의 문물을 접할 수 없었던 조선인들에게는 매우 충격적이고도 새로운 경험이었다. 이후에 일어난 '황사영 백서' 사건은 주동자인 황사영이 이때의 프로비던스호를 보고 군함의 규모에 충격을 받은 데서 시작되었다고도 전해진다. 프로비던스호의 용당포 내항 사건이 당시 강력한 해금정책을 펴고 있던 조선 사회에 큰 충격을 안겨주었다는 점에서 영국 해군의 한반도 탐사항해의 의미는 크다고 할 수 있다.

브로튼이 발표한 책 『북동항로로의 항해』는 엄청난 인기몰이를 했다. 덕분에 많은 서양 선박들이 해양탐사, 통상 또는 선교 등을 목적으로 조선해역에 나타나기 시작했다. 그러나 조선은 당시 해금정책에 의해 외부인과의 접촉을 엄격히 통제했고 좀처럼 쇄국의 빗장을 열지 않았다. 동양의 소국인 조선이 해양강국 영국을 이길 방도는 없었다. 1840년 아편전쟁에서 영국이 청에 승리하자 서구 열강의 무역선들은 앞 다투어 동북아 해역으로 몰려들었다. 이러한 와중에

---

37) 김낙현, 홍옥숙, 앞의 논문, 196쪽.

일부 선박들은 조선해역에까지 나타나기 시작했다. 따라서 영국 해군 탐사선 Providence 호가 부산포에 기착한 이후 영국 해군이 파견한 군함이 해양탐사의 목적으로 조선해역에 나타났지만 아편전쟁 이후에는 무역선이 그 주류를 이루었다.

1854년 러시아 Putiatin제독의 극동 순방함대가 조선해역에 들어온 것도 영국 해군이 탐사한 보고서를 읽은 덕분이었으며, 1866~1868년에 일어난 유태계 독일 상인 오페르트의 남연군묘 도굴사건을 포함한 3차의 조선 내왕도, 조선 서해안에 대한 항로 지식을 영국에서 출판된 항해기에서 얻을 수 있었던 결과였다, 또 미국 상선 제너럴 셔먼 호가 대동강에서 소파(燒破)된 사건을 탐색 차 1867년 1월 조선에 온 미국 군함 Wachusett 호의 Robert S. Shufeldt 함장도 영국 해군 Edward Belcher 함장의 항해기를 통해 거문도에 관한 지식을 얻었다고 밝히고 있다. 그뿐만 아니라 1866년 프랑스 극동함대와의 강화도 전투(병인양요), 1871년 미국 태평양함대와의 강화도 전투(신미양요) 등 19세기 우리나라 역사에서 일어난 크고 작은 서방세계와의 충돌 사건에는 빠짐없이 영국 해군이 탐사한 조선해역 탐사자료가 이용됐다. 또 1885년에 발생한 영국 해군의 거문도 무단 점거사건은 서방 강대국 간의 갈등에서 일어난 세력 싸움으로, 한국과 영국 간에 지울 수 없는 오점으로 남는 사건이었다. 이 점거 사건의 근원을 찾아보면 1845년 거문도를 탐사한 영국 해군 군함 Samarang 호의 탐사 보고서가 출판되어 서양 세계에 이 섬의 효용 가치가 알려진 것에서 비롯되었다.[38] 한 사람, 한 사람의 조그마한 탐사 기록이지만 그것들이 모여서 결과적으로 조선이라는 한 나라에 커다란

---

38) 김재승, 앞의 논문, 220쪽.

영향을 미치게 되었다. 조선인들은 대수롭지 않게 여겼지만 영국인들은 알고 있었다. 그 작은 정보들이 모여서 세상을 바꿀 수 있으리라는 것을 말이다. 그래서 영국은 더 강한 나라가 될 수 있었고 그것을 알지 못했던 조선은 다른 운명을 맞았던 것이 아닐까.

이번 탐방에서 브로튼의 기록을 직접 볼 수는 없었으나 해군과 해양에 관련된 곳들을 다수 방문했다. 바로 포츠머스 왕립 해군박물관, 그리니치 해양박물관, 리버풀 해양박물관이다. 이곳에서 영국 왕실의 해군 탐사대의 항해 기록과 수집품들, 학자들의 연구물, 지도, 해도 등 범위가 매우 넓었으며 모으는 정보의 범위도 방대했다는 것을 알 수 있었다. 특히 영국도서관(구 대영도서관)에서 열린 제임스 쿡의 항해 특별전에서는 제임스 쿡의 3번의 항해에서 육지에 내렸을 때의 모습들을 자세히 알 수 있었는데, 그 모습과 조선에 상륙했을 때의 브로튼의 모습은 큰 차이가 없었을 것으로 생각한다. 이 전시에서 쿡 선장의 항해를 보면, 먼저 그들은 육지에 상륙하기 전부터 이미 나침반 등으로 경도를 계산하고 항로일지와 해도와 지도를 그렸다.

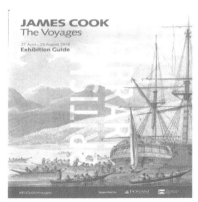

<그림 6> 영국 도서관 제임스 쿡 항해   <그림 7> 메리로즈 박물관 안내 팸플릿
특별전 가이드 북

그런 다음 새로운 땅을 발견하면 상륙하여 여러 가지를 탐색했다. 식물과 동물, 지역의 전통문화와 사람들의 모습, 생활상, 언어, 서적 등 여러 가지를 조사하고 기록했다. 이번 전시회에서 박제되어 번호가 매겨진 다수의 동물과 곤충, 식물들을 볼 수 있었다. 또한 여러 점의 그림과 다양한 보고서와 같은 글을 보면서 대영제국 해양력의 기반을 느낄 수 있었다. 또 포츠머스의 메리로즈 박물관에서는 1545년 메리로즈 호가 침몰하면서 그대로 수장되었던 당시의 모습을 고스란히 전시하고 있었다. 덕분에 당시의 영국해군의 생활상이나, 배의 형태, 유물 등을 생생하게 살펴볼 수 있었다. 이렇게 그들은 항해하면서 다양하고도 체계적인 방식으로 세계에 대한 지식을 습득하고, 습득한 지식을 바탕으로 한 걸음 한 걸음 강대국의 길로 향해갔다.

2. 영국의 홍차문화 성립과 중국

대부분의 사람이 영국을 생각하면 그 어떤 음식보다도 '홍차'를 자연스럽게 떠올릴 것이다. 그만큼 영국에서 '홍차 문화'는 깊게 자리 잡고 있고 영국을 상징하기도 한다. 홍차 문화가 성립한 요인에는 여러 가지 환경적・역사적 요인이 내재해 있다. 필자는 그중에서도 역사적 요인에서 중국과의 무역을 집중적으로 살펴보려고 한다. 어떻게 바다 건너 멀리 있는 중국이 영국의 차 문화 형성에 영향을 주었던 것일까.

중국은 차의 종주국이라고 할 수 있다. 하지만 약 15세기~16세기까지 중국의 해금 정책 때문에 해양 운송업이 활기차지 못해서, 차는 단지 육로인 비단길을 이용해서 중국 인접 국가들에 유통되었을 뿐이었다. 이 시기에 유럽은 동양에 대한 막연한 기대를 가지고 있었고 차를 포함한 동양의 여러 물품에 관한 수요가 급증하면서 비단길을 통한 교역으로는 만족하기가 어려워진 상황이었다. 설상가상으로 1453년부터 콘스탄티노플이 점령당하면서 육로를 통한 교역도 힘들어졌기 때문에 각국은 바다로 뛰어들기 시작했다. 영국도 예외는 아니었다. 오히려 영국은 지리적 요건과 종교개혁 등 내부 상황 때문에라도 바다로 관심을 돌려야 했고 일찍이 식민지를 개척하기 시작했다. 그리고 프랑스와 백년전쟁을 통해 우위에 서기 시작했으며 동인도회사를 설립해서 엘리자베스 여왕으로부터 독점권을 얻은 뒤, 네덜란드와 프랑스와의 경쟁에서 승리하면서 세력을 넓혀나가기 시작했다. 이 동인도 회사가 영국과 중국 관계의 중심이라고 볼 수 있다.

영국과 중국이 동인도 회사를 통해서 직접적으로 교역하게 된 것은 18세기인데, 바로 영국인들이 홍차에 눈을 뜨면서 수요가 급증하기 시작한 시기이다. 영국은 19세기 전까지 물을 정화하는 기술이나 저온에 우유를 살균하는 기술이 발달하지 못했다. 그래서 늘 식수가 부족했으며 하수도 시설 또한 엉망이어서 오물이 템즈강으로 그대로 배출되어 도시에는 악취가 가득했다. 그리고 이런 물을 런던 시민들이 마시고 살았다. 그래서 영국인들은 식수 대신에 알코올, 즉 술을 많이 섭취하기 시작했다. 하지만 오염된 물을 피하고자 술을 마시는 것은 사회적 문제를 많이 일으켰다. 노동자들이 술을 마시니 일에 집중하기가 힘들고 결근도 많이 생겼다. 이런 영국인들을 구제한 것이 바로 차였다.

18세기 초반에 차가 왕실에서 상류층으로 내려오면서 상류층의 식탁에서도 술 대신 차가 등장하고 술은 밀려나기 시작했다. 식탁에 올라온 차는 서서히 집을 방문한 손님에게 차를 내놓는 관습으로 변화되어갔고 차의 소비량은 점차 늘어갔다. 그러다 보니 식품점, 커

피하우스, 잡화점에도 차가 판매되기 시작했고, 서민들은 상류층을 흉내 내고 싶어 했기 때문에 차를 마시면서 상류층 기분을 내보고자 했다. 또한 차는 도시 노동자들에게도 훌륭한 음료였기 때문에 소비가 늘어났다. 이렇게 차는 영국인들 생활 속에 서서히 스며들어 가서 전 계층이 즐기는 음료로 바뀌게 되었고 18세기 말이 되면 영국인들에게 '차'라는 존재는 필수품이 된다. 이렇게 점점 수요가 많아지게 되자 무역은 필수 불가결해졌다.

1780년대 영국 동인도회사는 중국과의 교역에 뛰어들었다. 당시 중국은 청나라로 선진국이었고 서양 국가의 배에 실려 있는 나침반, 화약, 책자 등 웬만한 물품은 중국에서 발명한 것들이었다. 다시 말해 자급자족이 충분한 국가였기 때문에 유럽의 물품들에 별다른 매력을 느끼지 못했다. 청나라는 영국으로 차를 많이 수출했던 반면에 영국의 수출품은 대부분 모직물·면직물이었다. 청나라는 영국의 면직물을 사야 할 필요성을 강하게 느끼지 못했기 때문에 영국은 청나라와 무역을 통해서 별다른 성과를 얻지 못했다. 이런 상황이 지속되자 영국은 차를 구매할 은이 부족해졌고 무역에서 적자가 계속 되풀이되자 영국은 아편을 이용하여 무역 적자를 해결하고자 했다. 중국은 당나라 때부터 약재나 마취제 등에 아편을 섞어 사용하기도 했기 때문에 전파되는 것은 비교적 쉬웠고 아편의 영향력은 급속도로 확산되었다. 오죽하면 어떤 경우에는 결제수단인 은을 대신할 정도였다. 청나라는 여러 번 아편 금지령을 내렸지만 영국은 무역 독점을 유지하기 위해 아편 수출을 멈추지 않았고 그 결과 청나라는 아편으로 인해 혼란에 휩싸이게 된다. 이렇게 되자 청나라 정부는 아편을 몰수해서 소각하는 등 강경하게 대응했고 영국은 이 행동을 구실로 삼아서 전쟁을 일으켰는데 이 전쟁이 바로 유명한 아편전쟁이다.

아편전쟁은 두 차례로 나뉘어 전개되었다. 영국은 1차 아편전쟁 이후 난징 조약을 체결해서 광저우, 샤먼, 푸저우, 닝보, 상하이 다섯 개 항구를 강제로 개항해서 무역항을 늘리고 수입이 증대될 것을 기대했다. 하지만 청나라에 영국의 무역 영향력이 기대만큼 미치지 못하자 애로호사건을 빌미로 프랑스와 연합해서 청나라를 공격했다. 이로 인해 2차 아편전쟁이 발발하게 되고 결과는 톈진조약을 체결함으로써 영국의 승리로 끝나게 된다. 이 전쟁으로 인해 중국은 영국의 원료 공급지로 전락하고 만다. 이미 차나무는 아쌈에서 재배하기 시작했고 1839년에는 런던 시장에 수입되어 다른 지역으로 널리 퍼지게 된다. 그리고 1860년대에 들어서게 되면 인도 남부에서도 차를 재배하는 데 성공해서 스리랑카에서도 생산을 시작했다. 이렇게 영국 식민지에서 생산되는 차의 양이 많아지게 되면서 공급이 원활하게 되자 차의 가격은 하락했고 19세기에 우리가 잘 아는 홍차 문화가 탄생한다.

<그림 8> 커티삭 박물관 전경

하지만 아이러니하게도 이 시기에 차 운송업자들은 거의 미국 선박들이 대부분이었기 때문에, 해양강국인 영국인의 자존심을 긁었다. 결국 영국은 미국 선박의 속도를 압도하고 중국차를 신속하게 운송하기 위해서 커티샥(Cutty Sark)이라는 거대한 범선을 발명하게 된다. 현재에도 그리니치에 커티샥 박물관이 따로 있는데 박물관 안에 중국의 차 이야기가 상당 부분을 차지하고 있음을 볼 수 있다.

영국인들은 말 그대로 새벽부터 밤까지 홍차를 마셨다. 차를 마시는 시간대마다 명칭이 다 있을 정도인데 차례로 소개해보자면 다음과 같다. 새벽 6시경에 마시는 얼리 모닝 티(early morning tea), 오후 4시경에 마시는 애프터눈 티(afternoon tea), 오후 6시경에 마시는 티는 하이티(high tea)라고도 하며 미트 티(meat tea)라고도 한다. 늦은 저녁에 마시는 차는 애프터 디너 티(after dinner tea), 잠자리 들기 전에 마시는 차는 나이트 티(night tea)라고 한다. 그리고 일 중간에 마시는 티를 티 브레이크(tea break)라고 한다. 아침식사, 점심식사 후에도 홍차를 마시지만, 여기에는 따로 명칭이 붙어있지 않았다. 보통 애프터눈 티와 애프터 디너티는 여유와 사교를 상징하기 때문에 중·상류층에서 즐겼고, 하이티는 식사와 함께하기 때문에 서민들이 주로 즐겨 마셨다. 노동자들은 작업에 효율을 높이기 위해서 티 브레이크를 즐겼다고 한다. 영국인들에게 이렇게 문화로 자리 잡은 차는 단순히 기호식품이 아닌 하나의 의식으로 자리 잡게 되었다. 영국인들은 차를 마시는 시간을 통해서 대인 관계를 결속했고, 차를 준비하고 대접하는 행위에서 예의를 배워나갔다.

평면 지도를 기준으로 중국과 영국 두 나라는 바다의 양 끝으로 떨어져 있다는 점에서는 비슷하나 영국이 해양의 중요성을 더 빠른 시기에 인지했다는 점에서는 차이가 있다. 대항해시대의 후발주자로 시작했으나 산업 발전에서는 가장 앞서나갔던 영국은, 이전부터 그들의 환경에 놓여있던 바다의 중요성을 인지하고 해양 교류를 통해 그들 자신을 성장시켜갔다. 이 과정에서 형성된 그들의 문화 역시 해양 교류를 통해 영향을 받았을 가능성이 있다. 앞으로도 바다를 통해서 다른 요소가 도입되고 그 요소가 다른 한 국가를 상징하는 대표적인 문화로 자리 잡을 가능성도 농후하다. 중국의 차로 영국이 홍차 문화를 탄생시킨 것처럼 우리나라도 어쩌면 해양을 통해서 새로운 문화를 창출해낼 수도 있을 것이다. 그런 가능성을 열어두기 위해서는 해양산업에 꾸준한 관심을 가지고 발전을 위해서 노력해야 한다.

3. 영국의 해양 문명을 배워간 일본의 이와쿠라 사절단

원래 폐쇄적이었던 일본은 메이지 유신 이후 개방적인 태도로 외국의 다양한 문물을 받아들이기 시작했다. 특히 섬나라라는 비슷한 지형을 띤 해양강국 영국의 해양문명을 많이 수입하고 학습했다. 하지만 이러한 기록들과는 달리 직접 탐방했던 영국의 수집관에는 일본의 흔적이 별로 없었다. 대영박물관이나 영국도서관 등에서 간혹 보이던 일본의 그림도 직접 일본과의 교류를 통해 가져온 유물이 아니었다. 네덜란드나 덴마크가 일본으로부터 가져온 유물을 영국이 다시 가져와 전시해놓은 형태가 대부분이었다. 즉 일본과의 교류를 현지에서 직접 학습하고 경험하려 했던 초기의 목적을 이행하기에는 자료의 양이 부족했다. 따라서 메이지유신 이후 일본에서 영국에 파견한 사절단 중 필자의 탐방 경로와 비슷한 일정을 수행했던 이와쿠라 사절단의 기록들을 따라가며 그들의 파견기를 재현해보려 한다.

먼저 앞서 언급했던 것처럼 일본은 메이지[明治] 유신 이후에야 해양강국의 길을 걷기 시작했다. 그 이전에 일본은 조선통신사 일행 뿐 아니라 그들이 타고 온 선박을 보고 놀라 경외심을 가질 정도로 보잘것없는 해양문화를 가지고 있었다. 일본의 해양활동은 흔히 '왜구'로 불리는 해적 활동에 국한되어 있었다. 그러나 메이지 유신 이후 일본은 동아시아 3국(청·조선·일본) 중에서 서구문화를 가장 신속하게 그리고 거의 절대적으로 받아들이기 시작했다. 또한 일본은 극동지방에서 러시아를 견제할 대리국으로 일본을 지명한 영국으로부터 많은 도움을 받기도 했다. 그 결과 20세기가 시작될 무렵 서구식 경제와 군사제도를 완성한 일본은 청일전쟁(1894~1895)과 러일전쟁(1904~1905)에서 승리했으며, 나아가 영국과 동맹을 체결하여 명실상부한 극동의 패권국이 되었다.[39] 이렇듯 외국문물을 비교적 늦게 받아들이기 시작한 일본은 선진적인 해양문화와 문명을 받아들이기 위해 부단한 노력을 했다. 방법 중 하나로, 사절단을 해외로 파견하는 것이 있다. 그들은 해양 문명을 학습하여 자국의 근대화를 촉진시켰다. 이를 대표하는 사절단이 '이와쿠라 사절단'이다.

사절단 46명, 수행원 18명, 유학생 43명으로 구성된 이와쿠라 사절단은 메이지 4년부터 6년까지 미국과 유럽에 파견되었다. 그들의 해외 파견 목적은 두 가지였다. 첫 번째는 미국, 영국, 유럽 국가와 맺은 불평등 조약을 재협상하는 것이었고, 두 번째는 교육, 과학기술, 문화, 군사, 사회와 경제 정보 등을 수집하여 일본 근대화를 촉진하는 일이었다. 여러 국가로 파견된 대규모 사절단이었던 이와쿠라 일행은 방문하는 나라마다 이목을 끌었다. 그들의 방문 기록이 더 타임즈(The Times), 맨체스터 가디언지(Manchester Guardian) 등

---

39) 한국해양재단, 『바다이야기 해양교재(역사편)-중학생용 교사지침서』, 한국해양수산개발원, 2011년, 34쪽.

에서 보도되기도 하였다. 특히 이와쿠라 일행의 정보 수집이 빛을 발한 국가는 일본보다 앞선 기술로 산업도시가 구축되어 있었던 영국이었다. 이와쿠라 일행의 첫 번째 목적이었던 불평등 조약 재협상이 워싱턴에서 좌절되면서 그들은 두 번째 목적지였던 영국에서도 조약 갱신이 불가능하다는 사실을 깨달았기 때문에 런던에서 이를 관철하겠다는 의사는 거의 없었다. 따라서 보다 자세히 근대화된 해양도시의 기술과 문화를 받아들이는 데 총력을 기울이게 된 것이다.

이와쿠라 일행은 방문하는 나라의 정치와 경제, 사회와 문화를 하나라도 더 자세히 관찰하려고 했으며 당시 세계를 지배하는 서양 각국이 어떻게 그와 같은 국력을 갖추게 되었는가를 살피는 데 노력을 기울였다. 또한 사절단이 영국을 방문했을 때는 수도인 런던에만 체류하지 않고 전국의 주요 산업도시도 빠짐없이 방문해 그곳의 대표적인 공장과 산업시설들을 둘러보았다. 빅토리아 여왕이 휴가 중이었기 때문에 그동안 사절단은 영국 각지를 여행하면서 근대 문명의 요람이라 할 수 있는 산업도시들을 답사했다. 영국의 주요 산업인 섬유 조선 제철 기계 분야의 손꼽히는 공장들을 방문할 때마다 그들은 생산과정과 단계별 공정을 세밀하게 관찰했을 뿐만 아니라 산업도시의 전반적인 실태를 기록했다. 이 내용만으로도 빅토리아 시대 영국 경제와 사회를 이해하는 데 적지 않은 도움을 얻을 수 있었다.[40] 즉 해양 문명의 중심지인 영국을 탐방하기 위한 이번 여정의 목적과 이와쿠라 사절단의 목적이 유사하다고도 할 수 있다. 메이지 유신 당시에도 해양 문명과 산업기술이 발전된 영국의 명성을 익히 알고 배움을 얻기 위해 나선 것이다.

---

40) 이영석, 「이와쿠라 사절단이 바라본 영국의 공업도시」, 『사총』제80호, 2013년, 28~31쪽.

이와쿠라 사절단은 영국의 앞서가던 기술과 문명을 습득하기 위해 수많은 도시를 탐방하고 기록을 남겼다. 사절단의 영국 여정은 어떠했을까? 8월 17일 런던에 도착한 이래 그들은 9월 28일까지 런던에 체류하면서 런던의 빅토리아-앨버트 박물관을 비롯한 여러 곳을 들렀고, 인근의 브라이튼과 포츠머스를 방문했다. 포츠머스에 방문했을 때는 해군 조선소에 들러 건조 중인 최신형 군함에 오르기도 했다. 그후 산업도시 시찰에 나선 이와쿠라 일행은 리버풀, 맨체스터, 글래스고, 에든버러, 하일랜드, 뉴캐슬, 브래드퍼드, 셰필드, 스태퍼드셔, 코번트리, 버밍엄, 체서 등지를 거쳐 런던으로 돌아왔다.41) 비록 이와쿠라 사절단의 여정처럼 영국의 도시 곳곳을 방문할 수는 없었지만 우리는 영국 해양문명의 대표지라 할 수 있는 그리니치, 포츠머스, 리버풀을 탐방하는 것으로 그들의 여정을 재현할 수 있었다. 특히 이와쿠라 사절단이 보았다는 포츠머스의 해군 조선소는 현재까지 그 장엄함이 유지되고 있다. 당시 해군과 조선기술 분야에 강국이었던 영국은 다양한 형태의 군함이 있었다. HMS-워리어 호, HMS-빅토리 호, HMS-M33 호 등의 선박이 해전 당시 모습을 잘 떠올릴 수 있도록

<그림 9> HMS-빅토리 호

<그림 10> HMS-워리어 호

41) 이영석, 앞의 논문, 32~33쪽.

전시되어 있었다. 또한 선박의 견고함이나 웅장함이 한눈에 느껴졌다. 해전이나 전쟁과는 거리가 먼 현재에도 느껴지는 군함의 장엄함이 이와쿠라 사절단에게 전해지지 않았을 리 없다. 실제로 이와쿠라 사절단이 다녀간 이후 영국과 일본 관계의 가장 큰 수확은 무역량이 증가했다는 것이다. 특히 일본에서 수입한 함정 26척 가운데 11척이 영국에서 만들었다는 사실을 보면 이와쿠라 사절단이 영국의 함정을 보고 느껴졌을 조선기술의 우수함을 유추해 보게 된다.

이와쿠라 사절단의 영국 방문기가 상대적으로 주목받는 이유는 영국의 중심지인 런던에만 머물지 않고 주변 산업도시와 지방 도시를 많이 방문했기 때문이다. 어떻게 보면 근대화에 관한 기술과 산업 부문에서 많은 것을 탐방하고자 했던 이와쿠라 일행의 당연한 여정이었지만 그런 와중에도 영국의 정치적 시스템이 잘 드러나 있는 런던을 소홀히 할 수는 없었던 것 같다. 실제로 웨스터민스터 사원은 영국의 900년에 걸친 입헌군주제의 성격을 잘 드러내고 있는 건축물이다. 1834년 화재로 소실된 이후 1835년 새로 건축된 웨스터민스터 사원은 중앙 탑의 남쪽으로는 상원 의사당을, 북쪽으로는 하원 의사당을 포괄하는 지역으로 입헌 군주국의 위엄과 양원제의 원칙을 웅장하게 보여 준다. 1066년 이래 모든 영국 국왕들의 대관식을 거행한 웨스터민스터 사원은 영국의 의회 역사와 따로 떼어 생각할 수 없으며, 왕좌는 그 뚜렷한 상징이다. 왕이 하원의원들에게 성 스테판 예배당을 하사하였던 1547년 이전까지는 궁에 의사당이 없어서 하원의원들은 수도원에서 의회를 열기도 하였다.

사실 그 당시 일본은 영국과 많이 닮았다고 생각했다. 이와쿠라 사절단의 여정을 분석한 보고서인 『실기』의 저자는 "국토의 형태나 위치, 면적 게다가 인구까지도 일본과 거의 비슷하므로 때문에 이나라 사람들은 일본을 동양의 영국이라 부른다."라고 서술하기도 했다. 하지만 해양에 관련한 힘으로 봤을 때 영국은 일본과 다르게 유럽 가운데 가장 강국이었다. 일본은 그러한 이유를 산업기술, 공업의 발달 등에서 찾기도 하였지만 그러한 기술 발달의 근원을 영국인의 국민성, 자질, 기업가 정신 등 영국 시스템에서 찾기도 했다. 지방 도시들을 통해 직접 발달한 기술력을 체감했다면 중심지인 런던에서는 입헌군주제를 담고 있는 건축물이나 자유로운 공화정의 가치가 영국의 국력에 미치는 영향력을 파악한 것이 아닐까.

<그림 11> 웨스터민스터 사원

또한 사절단은 지방도시나 건축물 등을 직접 방문하여 조사하는 탐방 과정 뿐 아니라 박물관을 방문하기도 했다. 사절단에게 도시는 어느덧 근대 서구 문명과 문화의 전시관으로 다가온다. 그들은 처음 들린 박물관에서 이를 다시 확인할 수 있었다. 그 전시물들을 하나하나 살피면서, 『실기』의 저자는 "백 번 듣는 것이 한 번 보는 것보다 못하다"라는 동양의 옛말을 떠올린다. 말 그대로 눈으로 배우고 느낀 것은 귀로 듣고 느낀 것보다 마음에 오래 남는다. 그는 박물관 전시실을 둘러보다가 갑자기 진보의 의미를 깨닫는다. "어느 나라든 발전의 근원을 찾아 거슬러 올라가 보면 어느 날 갑자기 발흥한 곳은 없다. 반드시 순서가 있다. 먼저 지식을 습득한 사람이 후대에 전해주고 선각자에게 물려받은 것을 다시 깨우쳐 전해주면서 점차 앞으로 나아간다. 이것을 진보라고 한다." 그러니까 진보란 낡은 것을 버리고 완전히 새로움만을 추구하는 것이 아니다. 옛것과 새로운 것이 뒤섞여 있다.[42] 이와쿠라 사절단이 방문했던 당시의 영국에도 그 시점까지의 발전 과정을 기록한 박물관이 있었다. 영국의 대표적인 박물관인 대영박물관도 1759년에 개관했고 내셔널 갤러리도 1824년에 개관했다. 모두 메이지유신이 시작된 1868년대 이전이므로 이와쿠라 사절단이 방문했을 가능성이 크다. 지금 박물관들은 과거의 시점에서 현재까지 이르는 더 많은 역사를 가지게 되었지만 과거의 시간을 지니고 있다는 사실은 변함이 없다. 사절단 일행이 박물관을 통해 해양강국으로서 영국의 위상이 갑자기 거둔 성과가 아님을 알았듯 박물관을 탐방하는 것은 짧은 시간에 거대한 과거의 시간을 살펴볼 수 있는 중요한 곳이다. 특히 소장품이 많고 각각의 유물들이

---

42) 이영석, 앞의 논문, 48쪽.

보여주는 이야기들 또한 많은 영국의 박물관들은 사절단이 영국을 이해하는 데에 큰 도움이 되었을 것이다.

불평등조약 개정이라는 원래의 목적은 달성하지 못했지만 사절단 일행이 많은 공장을 방문해 얻게 된 정보와 지식이 일본의 산업화에 큰 자극을 주었던 것은 분명하다. 실제로 사절단이 방문한 몇몇 공장의 경우 일본에 대한 수출이 급속하게 증가하기도 했다. 뉴캐슬의 암스트롱 사가 대표적인 사례다. 1905년 당시 일본이 해외에서 들여온 함정(전함, 순양함, 호위함) 26척 가운데 11척이 암스트롱 사에서 건조한 것이었다. 또 1871~1911년간 일본에 수출된 영국제 증기기관차는 1,023대였는데 사절단이 공식 방문한 글래스고의 덥스(Dubs)사와 노스브리티시(North British)사 제품이 총 505대에 이르렀다.[43] 즉 일본이 영국으로부터 그들의 발전된 기술을 학습해 간 것 이외에도 영국과 일본 사이 실질적인 수출량이 증가하여 양국의 관계 또한 발전하였다. 사절단 탐방으로 영국의 기술력에 놀라고 호감을 느낀 일본의 당연한 행보라고도 볼 수 있으나 일본 사절단이라고 해서 영국의 모든 면에 긍정적인 평을 한 것만은 아니었다. 문명국의 도심과 지방간의 극심한 빈부격차에 놀라기도 했고, 산업이 발전된 도시인 리버풀 등에서는 매연과 석탄 연기로 까매진 하늘을 보며 이러한 연기가 수명을 단축한다는 사실을 부정적으로 기록하기도 했다. 하지만 영국의 선진화된 기술력과 해양 문명은 부정할 수 없는 사실이었다. 영국은 해양강국이었고 이를 뒷받침하는 선진문명을 사절단은 직접 보았다. 그들의 여정을 재현한 이번 탐방에서도 여실히 느껴졌다.

---

43) 이영석, 앞의 논문, 52쪽.

Ⅳ. 나가며

본 논문은 대영제국으로 명성을 떨쳤던 영국을 근대의 영국과 현대의 영국, 그리고 바다를 제패했던 영국이 동아시아에는 어떤 영향을 미쳤는지를 파악하면서 대항해시대에 세계를 제패하고 해양 문명의 기틀을 세운 영국의 발전과정과 그것들이 가능했던 이유를 파악하고자 했다. 이를 위해 확인해본 내용을 요약하면 다음과 같다.

근대의 영국은 해군, 해운, 조선 세 가지 요소로 살펴보았다. 첫 번째로 해군을 살펴보았다. 해군은 영국 해군이 공식적으로 탄생한 1707년을 기점으로 영국 왕립해군을 대표적으로 꼽았다. 왕립해군이 만들어진 이후 영국이 여러 방면에서 변화하고 진화하게 되었으며 왕립해군 자체도 발전하게 되었다. 또한 영국 왕립해군은 트라팔가 전쟁에서 승리를 거머쥐는데 큰 활약을 했을 뿐 아니라 해상 교역로를 독점할 수 있을 만큼 막강한 군사력을 보여주었다. 이처럼 영국은 제대로 해군력을 갖추기 시작하면서 바다를 선점하는데 박차를 가한다. 다음으로는 해운 요소이다. 영국의 해운력은 대표적으로 동인도 회사를 꼽을 수 있다. 동인도 회사는 인도를 중심으로 한 교역뿐 아니라 플라시 전투, 트라팔가 해전, 아편전쟁 등 여러 전쟁에서 승리를 이끄는 데 영향력을 행사하면서 식민지와 영토 확장의 중심이 되었다. 그로 인해 삼각무역이 탄생했고 이는 영국의 경제에 힘을 실어주게 되었다. 마지막으로는 해양 하면 빼놓을 수 없는 기술적인 부분인 조선이다. 영국이 계속해서 전성기를 누릴 수 있었던 이유 중 하나는 바로 군함을 만드는 기술력이다. 포츠머스의 왕립조선소에서 그런 면모를 엿볼 수 있었는데, 최초로 일제히 대포 사격을 가능하게 했던 군함인 메리로즈 호를 기점으로 트라팔가 해전에서 승리를 이끈 HMS 빅토리 호, 또 HMS 워리어 호 등 여러 대형 군함이 존재했다. 해전뿐 아니라 삼국 무역 중 노예무역도 영국의 조선업에 많은 영향을 미쳤음을 리버풀의 앨버트 독에서 확인하였다.

영국의 해양 권력이 세계적으로 우세했다면, 동양권도 그 영향을 받았을 가능성을 배제할 수는 없기에 조선, 중국, 일본으로 나누어 확인해보았다. 먼저 조선의 경우 영국의 탐사선인 프로비던스호가 방문하면서 준 영향을 실록을 통해서 살펴보았다. 표류해서 도착하게 된 이 배가 조선을 탐사한 것을 일지로 작성하면서 조선이 서구 사회에 알려진 계기가 되었을 뿐 아니라 조선이 쇄국에서 개방하는 과정에 일정한 영향을 미쳤음을 확인했다. 하지만 영국이 행한 해양 탐사 활동 및 이후의 한영관계에 관한 연구가 많이 부족하므로 앞으로의 연구과제로 삼아야 할 것이다. 두 번째로는 중국과 영국의 교류를 중심에 두고 살펴보았다. 영국의 내부적인 상황으로 차 소비량이 많아져서 중국으로 진출 했고 이는 아편전쟁을 일으켜 중국의 문호를 강제로 개방하기까지에 이르렀다. 그리고 차 무역을 위해서 조선 기술력 또한 발전시켰음을 확인하였을 뿐 아니라, 해양 교류를 통해 '차'라는 작은 요소가 한 국가의 상징적인 문화로 발전할 가능성을 엿보았다. 마지막으로는 일본이다. 일본은 다른 두 국가와 다르게 주체적으로 해양 문명을 받아들이기 위해 움직였다. 그것을 보여주는 것이 바로 이와쿠라 사절단이다. 일본은 이와쿠라 사절단을 파견해서 불평등 조약을 재협상하고자 했을 뿐 아니라 서양 열강의 해양 문화와 선진문물을 받아들이고자 하였고, 영국을 방문하게 되었다. 당시 영국은 일본보다 앞선 기술로 산업도시가 구축되어 있었기 때문에 일본은 영국의 해군력에 큰 자극을 받았다. 그 대표적인 사례로 일본이 20세기 초 해외에서 들여온 함정 다수가 뉴캐슬의 암스트롱 공사에서 건조한 것을 들 수 있다.

역사에서 해양은 중요한 가치를 가졌으며 어떻게 해양을 이용하는가에 따라서 한 국가의 미래가 결정되기도 했음을 영국을 통해서 확인할 수 있었다. 우리나라는 과거에 쇄국정책으로 인해 시대에 발맞춰 바다로 눈을 돌리지 못했다. 그래서 오늘날까지 한국은 '바다'라는 요소를 제대로 파악하지도, 이용하지도 못했다고 해도 과언이 아니다. 그러므로 본 논문은 과거 해양에서 전성기를 이룩했던 대표적인 강대국인 영국을 살펴보면서 그들의 성공을 우리나라에 접목할 수 있는 방안을 고안해보고자 했다.

이번 탐방을 통해 해양 문명의 깊이를 자세히 알게 되면서 기대한 것보다 더 많은 것을 얻었는데 크게 2가지로 볼 수 있다. 한 가지는 역사를 통해서 발전을 이룩한 데에 있어 중요한 근본적인 개념을 배우고 우리가 현실에 당면한 문제를 풀 수 있는 실마리를 얻을 수 있다는 것이다. 다른 한 가지는 직접 체험하고 몸소 느껴보는 답사가 역사를 공부하는 것에 있어서 얼마나 가치가 있는지 알게 되었다. 말 그대로 눈으로 배우고 느낀 것은 귀로 듣고 느낀 것보다 마음에 오래 남는다고 하였다. 이 말이 이제야 비로소 어떤 의미인지 백번 이해가 간다. 가보지 않은 채 논한다는 것은 동전의 앞면만 보는 것과 같다.

참고문헌

<사료>

『正祖實錄』卷47, 正祖21年 9月 6日 壬申

<저서>

한국해양재단(2011), 『바다이야기 해양교재(역사편)-중학생용 교사지침서』, 한국해양수산개발원, 2011년

김재승, 『근대한영해양교류사』, 인제대학교출판부, 1997년

박지향, 『클래식 영국사』, 김영사, 2012년

이태숙, 『근대영국헌정 : 역사와 담론』, 한길사, 2013년

Angus Maddison, *The World Economy: A Millennial Perspective*, (OECD Publishing, 2001)

Farman, John, *The very bloody history of Britain : without the boring bits.*, (Random House, 2012)

Paul M. Kennedy, *The rise and fall of british naval mastery*, (Penguin UK, 2017)

Peter King(1989), *The motor men: pioneers of the British car industry*, (Quiller, 1989)

Elizabeth Donnan, *Documents Illutsrative of the Histroy of the Slave Trade to America(Washington, D. C., 1930-1935)*, (Octagon Books, 1969)

<논문>

김낙현, 홍옥숙, 「브로튼 함장의 북태평양 탐사항해(1795-1798)와 그 의의」, 『해양도시문화교섭학』제18호, 2018년

김재승, 「朝鮮海域에서 英國의 海上活動과 韓英關係(1797-1905)」, 『해운물류연구』제23호, 1996년

이영석, 「이와쿠라 사절단이 바라본 영국의 공업도시」, 『사총』제80호, 2013년

김원모, 「19세기 한영 항해 문화 교류와 조선의 해금 정책」, 『문화사학』21호, 2004년

손연숙, 「영국 홍차의 탄생배경과 특성에 대한 연구」, 『차문화·산업학』제39호, 2018년

원재원, 「19세기 영국 차 산업의 전개에 관한 연구: 인도와 실론의 차 산지
　　를 중심으로」, 원광대학교 석사학위논문, 2011년
이학노, 「아편전쟁 중국의 아편문제」, 『대구사학』60권, 2000년
조세현, 「통상조약에 나타난 해양관련 조항과 해금(海禁)의 해체 - 제 1, 2
　　차 아편전쟁을 중심으로」, 『중국사학회』제90호, 2014년
곽문환, 「18세기 설탕산업, 노예무역 그리고 영국 자본주의」, 성균관대학교
　　석사학위논문, 2004년

<인터넷 자료>
김재홍, "220년 전 조선에 온 영국 해군탐사선 부산서 복원 추진", 연합뉴스,
　　2017.12.20., http://www.yonhapnews.co.kr/bulletin/
　　2017/12/19/0200000000AKR20171219110500051.HTML?input=1195m
김진, "[부산항 개항 140주년, 역사적 순간들]13. 부산항 최초 이양선 '프로
　　비던스호', 부산일보, 2016.06.16.
　　http://news20.busan.com/controller/newsController.jsp?newsId=2016061
　　7000030

┌─ **<여행소감 한 마디>** ─────────────

　　박물관으로 가득한 일정들은 결코 '단순'하지 않았다. 그 동안 내가 박물관을
얼마나 소홀하게 대했는지를 깨달았다...이번 일정 중 가장 인상 깊었던 박물관은
메리로즈 호 박물관이었는데, 수백 년 전에 수장된 배를 그대로 복원시켜 영국 함
선의 역사를 보여준 박물관이었다. 우리는 박물관 방문 전, 메리로즈 호가 수장된
역사에 대해 간단히 조사하고 이를 서로 공유하며 박물관을 탐방하였다. 이런 정
보가 없었더라면 큐레이터의 설명과 박물관에 전시 된 유물들에 그다지 흥미를
가지지 못했을 것 같다. 게다가 우리나라에서도 비슷한 사례가 있음을 사학과 교
수님과 팀원들로부터 들었고 메리로즈호가 온전하게 복원이 가능했던 것도 진흙
속에 수장되어 진공상태로 보관되었기 때문이라는 것도 알 수 있었다.(염정연-일
어일문학부)

3장 싱가포르와 부산의 해양문화 비교

2018년 하계 글로벌챌린지: 싱가포르

팀명: 고고싱

팀원: 정하영(중국학과, 4학년)

유수민(중국학과, 4학년)

주연화(중국학과, 4학년)

김지유(중국학과, 2학년)

황혜원(중국학과, 2학년)

김혜진(국제지역학부, 1학년)

Ⅰ. 들어가며

이번 코어 사업단 '2018 하계 글로벌챌린지 프로그램'에서 싱가포르 팀은 '싱가포르와 부산의 해양 문화 비교'를 주제로 연구를 진행했다. 한 달여간의 사전 조사를 마치고 2018년 8월 13일부터 20일까지 싱가포르의 다양한 기관과 관광 명소들을 방문했다. 싱가포르는 부산과 비슷한 환경을 가지고 있는 해양 도시로, 싱가포르의 경쟁력은 이미 세계에서 상위권 수준이다. 싱가포르에는 고부가 가치 산업이 발달했다. 그리고 국가 경쟁력 2위, 정보 네트워크가 가장 잘 갖춰진 국가 2위, 아시아 태평양 지역 도시 외국인 직접투자(FDI) 매력도 종합 1위, 비즈니스 친화성 3위를 차지하는 등 이미 여러 방면에서 우수한 실적을 거두었다. 그러므로 충분히 부산과 비교 조사해 볼만한 가치가 있는 도시이며, 부산과 싱가포르의 유사점·차이점을 잘 비교하고 분석한다면 앞으로 부산이 글로벌 해양 도시로 발전하기 위해 참고할 만한 좋은 모델이 될 수 있을 것이다.

해양 문화를 다루기에 앞서 개념 분류와 비교를 위해, 먼저 '문화'를 정의하려고 한다. 문화의 정의는 모호하다. 우리의 삶의 양식과 사회적 행위, 의사소통을 모두 문화라고 지칭하고, 문명(Civilization)과 같은 의미로 해석하여 지성, 지식, 개화된 것, 발전된 것을 문화라고 해석한다. 또한 문화는 과거로부터 남아있는 양식이 있는가 하면 새로운 사회적 토대 위에서 부상하는 양식도 있다.[44] 문화적 관광자원은 한류(韓流)와 같이 시대 구분 없이 문화적인 가치 판단 기준에 의해 유행하거나 장차 기대될 문화적 가치 또는 문화재 자원을 포함한 관광자원을 가리킨다. 문화적 관광자원은 '발전 가능성이 있는 모든 것'을 포괄적으로 의미하며, 이것을 소비하는 것을 '문화관광'이라고 정의한다.

해양에 해당하는 영어는 sea, ocean, maritime, marine 등이 있다. sea는 대체로 land에 대칭되어 사용하는 개념이라 할 수 있으며 가까운 연안에서 대양에 이르는 바다 전체를 포함한다. 이에 비해 ocean은 연안을 벗어난 대양을 말한다고 할 수 있다. maritime은 항해기술, 선박, 항만 등 어업 이외의 바다와 관련된 영역을 의미하는 것으로 사용되기도 한다. 해양 관광 즉, 해안과 해양을 포괄하는 해양 레크리에이션도 뜻하기 때문에 보다 넓은 의미를 포함하고 있다.[45]

해양 문화는 해양이 가지각색의 방식으로 우리 생활양식에 영향을 미쳐 생성된 도시 공간, 문화예술, 지역 축제 등으로 만들어진 문화이다. 앞으로 다룰 해양 문화는 'maritime'에 해당된다. 해양 문화

---

44) 이장춘, 『최신 관광자원학』, 대왕사, 1998년, 385쪽.

45) 구모룡, 부산의 해양문화, busangrandculture.net

는 육지 문화와 다른 특징이 있다. 해양 문화는 해양이라는 공간의
특성상 역동적인 면을 갖고 있다.

II. 부산의 해양지수

본 연구팀이 연구하고자 하는 해양 지수와 해양 문화의 이해를 위
해 부경대학교 코어(CORE) 사업단에서 조사한 해양 종합 지수 인
포그래픽을 차용했다. 코어(CORE) 사업단은 해양 인문학을 기반으
로 한 글로벌 인재 양성에 주력하고 있는 사업단이다. 해양 종합 지
수란 한국 사람에게 바다는 어떤 의미가 있는지에 대한 종합적인 조
사이다. 이것은 해양인문학, 해양 교육, 해양문화 산업 연구를 위한
자료로 이용될 수 있다. '해양 종합 지수' 인포그래픽을 통해 한국
사람에게 바다란 단순히 공간적인 의미를 넘어 다양한 의미를 가져
다준다는 것을 알 수 있다. 인포그래픽은 바다의 의미를 크게 지역
과 세대, 개인에 따라 나누어 친숙 지수, 지식 지수, 문화 지수, 환경
지수, 안전 지수, 먹거리 지수 등으로 나누었다. 특히 '해양 문화 지
수'란 바다가 한 국가의 문화에 미치는 영향력과 해양 문화 체험 활
동에 대한 선호도 및 만족도를 조사하여 종합한 것으로 해당 국가의
전 해역의 연안 및 도서 지역의 해양사와 해양 생활사 등을 포함하
는 문화자원, 고고 역사, 민속 생활, 사회경제 등의 분야에 관한 조
사가 '해양 문화 지수'에 포함된다.

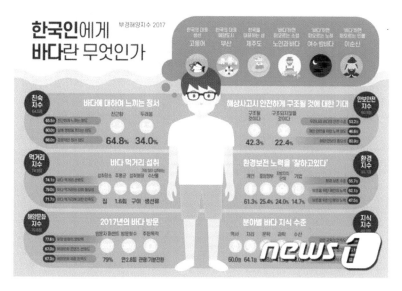

<그림 1> 부경대학교 코어사업단이 발표한 해양종합지수 인포그래픽

　‘해양 종합 지수’ 인포그래픽에 따르면 ‘바다 친숙 지수’가 64.8%, ‘먹거리의 선호도’ 74.1%, ‘바다 방문객’ 퍼센트가 79%로 한국인은 바다에 비교적 친숙하다고 볼 수 있다. 특히 한국의 대표적인 해양 도시로 선정된 부산은 대한민국의 제1의 해양 항구 도시로서 세계적 교류에 있어서 그 중요성을 더하고 있다.

　본 연구팀은 부산과 싱가포르의 해양 지수 비교 연구 조사를 진행하던 중 부산이라는 도시의 이해를 위해 부산의 해양 지수, 특히 부산의 해양 문화를 집중적으로 조사하였다. 부산의 문화 정체성을 제대로 알기 위해서는 먼저 부산의 특성을 잘 이해하고 있어야 한다. 앞에서 서술한 문화의 정의를 바탕으로 부산의 해양문화는 문화예술을 통한 재현, 시민들의 공간, 생활양식을 엿볼 수 있는 도시 공간

그리고 해양 문화 활동(해양 스포츠, 레저 활동 등) 등에서 잘 나타난다. 부산은 지리적 이점을 이용해 해양 스포츠 활동, 크루즈 관광, 다대포와 광안리 등에 있는 해양 레포츠 센터 등을 운영하고 있다. 이 공간은 시민들의 생활양식을 볼 수 있음과 더불어 부산의 관광 산업에도 일조한다.

부산을 역사적 관점에서 보면, 부산은 일제 강점시기 도시가 형성된 경우이기 때문에 더더욱 해양 문화와 밀접한 관련이 있다고 설명할 수 있다. 즉 해항 도시(sea port city)라는 도시 특성을 토대로 해양 문화를 이해해야 한다. 부산 영도에 있는 부산 국립 해양 박물관에서는 부산의 다양한 항해 기술을 관람할 수 있고 전통선박부터 현대까지의 선박 재현 및 수산업, 항만 산업, 조선업 등 다양한 해양 산업을 볼 수 있다. 해양 박물관에서는 해양의 가치, 지속가능성, 해양 생물을 주로 강조하는 반면 일제강점기 당시와 그 이후의 설명이 부족하다. 이는 당시에 형성된 해양 문화를 드러내기에 부족한 것이다. 한편 부산 근대 역사박물관에서는 일제강점기 일제의 정책들을

<그림 2> 광안대교와 크루즈

볼 수 있다. 일본인을 위한 목적으로 시행되긴 했지만 김해평야, 어업기술 도입, 금융 지원을 위한 은행 건설을 통해 부산은 어촌에서 도시로 변모했다. 더 나아가 부산의 해안을 매립하여 항만 설비를 조성하고, 각종 기초 시설들을 건립하면서 일본인들의 향락 지역으로 변한 부분도 있다.

부산 근대 역사박물관의 특별전시회로 당시의 해양 문화를 엿볼 수 있었다. 다음 두 가지 특별 전시회가 그렇다. 2016년 부산 근대 역사관 '부산 개항 140주년 기념, 근대 부산항 별곡' 전시회와 2007년 '근대, 관광을 시작하다' 특별 기획전에서는 1800년대 부산항을 보여주는 근대 유물 200여 점을 전시했다. 개항 이후 많은 근대적 변화를 겪은 부산항의 모습과, 일본과 맺은 조약, 부산 시가지의 모습들이 담겨 있고 유람선 여행, 여행 속의 근대인의 모습도 함께 볼 수 있다. 부산항 개항은 서양과 교류하고 조선이 근대로 진입하는 계기가 되었다. 개항은 단순히 항구를 열어 물자를 유통하고 교역한다는 의미만이 아닌, 한국을 개방하여 세계 속의 일원이 된다는 중요한 역사적 의미도 포함하고 있다.

따라서 부산 해양 문화의 특성을 다음 세 가지로 설명할 수 있다.

첫째, 결절성이다. 과거 부산에는 왜관이 존재했는데 그 왜관이 교류의 장이었다는 점에서 부산이 여러 도시 간의 결절점이라고 할 수 있다. 이로써 부산은 많은 도시와의 교역·교류를 통한 유연함을 가지고 있는 해양 문화가 특성이라고 할 수 있다. 둘째, 혼종성(混種性)이다. 앞에서 언급했던 과거 부산의 역사적인 경험들이 부산을 다양한 문화를 가진 해항 도시가 되도록 했다. 셋째, 네트워크(network)와 다문화성(多文化性)이다. 세 번째 특성은 혼종성과 관련이 있다. 부산에는 차이나타운처럼 외국인들이 구경하기 좋은 다문화적 공간이 활성화되어 있다. 예를 들어 초량의 간판과 거리 표지판들을 보면 외국인들에게 향수를 일으키게 할 만큼 이국적인 것들이 존재한다. 즉 부산은 다문화적인 면에서 다른 도시들과 네트워크로 연결되어 있다고 할 수 있다.

Ⅲ. 싱가포르의 특성, 하나

정식국명은 싱가포르 공화국(Republic of Singapore)이며 1819년 영국이 무역 거점으로 개발한 도시였다. 1963년 현재의 말레이시아에 포함되었다가 1965년 말라야 연방에서 탈퇴하여 현재에 이르고 있다. 시가지는 섬의 남부를 중심으로 발전하고 있으며, 19세기 초 건설 당시 유럽인·인도인·말레이인 등 종족별 주거지로 나뉘어 그 영향이 아직도 남아 있다. 해상 동서교통의 중요 지점에 자리 잡고 있어 자유무역항으로 발전하였다. 싱가포르에 관한 가장 오래된 역사 기록은 3세기경 중국 문헌에 나온 파라주(婆罗洲, Pu Luo Chung)이다. 이후 13세기 중국 문헌에 싱가포르 국명에 대한 기록이 나온다. 싱가포르는 14세기에 무역도시로 떠올랐다가 16세기에 포르투갈의 지배를 받았고 17세기에는 네덜란드의 영향권에 속했다. 1819년에 이르러 국제무역항으로 개발되어 크게 성장했다가 이후 영국 동인도회사에 영구 할양되어 해협식민지(The Straits Settlements)를 구성했다. 1867년에는 대영제국의 식민지에 편입되었다. 이후 제2차 세계대전을 거치면서 일본에 점령당하고 종전 후 다시 영국의 직할 식민지가 되었다가 1965년 8월 9일에 독립국이 되었다. 이렇듯 싱가포르는 포르투갈, 네덜란드, 영국, 일본 등

열강들의 지배를 받았던 역사가 있다. 이러한 역사적 배경을 바탕으로 싱가포르는 세계적인 무역항으로 자리매김할 수 있게 되었으며, 다양한 민족과 문화가 혼재하는 지금의 싱가포르가 되었다.

1. 아시아 문명 박물관

아시아 문명 박물관은 총 11개 전시관에 아시아 지역의 유물 1,300여 점을 전시하고 있는 박물관이다. 한국을 비롯하여 동남아시아, 인도, 중국, 아랍 등 범아시아 문화·문명 대부분을 다룬다. 다문화·다인종 국가인 싱가포르답게 지난 2세기 동안 각 지역으로부터 이주하여 정착한 민족들의 유산을 보여준다.

아시아 문명 박물관 1층에 전시되어 있는 'Tang Shipwreck' 갤러리에서는 도자기, 금, 은 등을 전시하고 있었다. 이 전시관을 통해 인도 해양 무역의 부상과 글로벌 무역이 오랫동안 싱가포르에서 진행됐음을 알 수 있다. 그리고 중동에서 인도, 남동쪽 아시아로 이어지는 경로를 따라 두 대양 사이에서 싱가포르가 탄생한 것을 알 수 있었다. 이러한 지리적 조건은 중앙아시아를 통과하는 유명한 실크로드를 구성하여, 싱가포르를 세계에서 가장 뛰어난 무역국이 되는 데에 일조했다. 뿐만 아니라 싱가포르만의 해양 문화가 발달하여 싱가포르 주민들 삶의 터전이자 나라를 표현할 수 있는 키워드가 되었다. 또한 과거 동남아시아의 항구들이 물품, 공급품, 임대 선박을 거래하고 승무원에게 제공했던 것들은 현재의 싱가포르 무역과 일치한다. 이를 바탕으로 현재의 싱가포르 무역은 과거 동남아시아의 기술을 융합하여 발전한 것으로 추측할 수 있다.

<그림 3> 19세기 마카오 항구

아시아 문명 박물관에는 몇 백 년 간 아시아와 유럽 열강의 무역항을 담당한 싱가포르의 모습을 반영하는 아시아 국가의 유물들이 많이 전시되어있다.

2. 마리나 베이

싱가포르는 싱가포르 강을 따라 마리나 만까지 다양한 해양 문화 관광지가 즐비해 있다. 대표적인 예로 마리나 베이 샌즈, 머라이언 파크, 가든스 바이 더 베이, 클락키 등을 꼽을 수 있다. 이들은 모두 자연적으로 형성된 것이 아니며 후에 인위적으로 조성한 관광지로 지금은 싱가포르의 랜드 마크가 되었다.

싱가포르의 상징물인 머라이언은 사자와 물고기를 합친 상상의 동물로 상반신의 사자는 싱가포르의 어원인 '사자의 도시'를 뜻하고, 하반신의 물고기는 항구 도시를 상징한다. 머라이언 파크에서는 오

<그림 5> 티벳 동상

<그림 4> 캄보디아 앙코르와트 유물

<그림 6> 태국 청동 장신구　　　　　<그림 7> 인도 불교 석상

리지널 머라이언이 뿜는 물줄기와 사진을 찍으려는 관광객들이 매우 많다. 맞은편에는 마리나 베이 샌즈가 있어 밤에는 마리나 베이 샌즈에서 비추는 레이저 쇼가 아주 장관이다. 싱가포르에서 가장 싱가포르의 느낌이 물씬 나는 곳이라고 할 수 있다. 이렇듯 싱가포르

의 마리나 베이 지역은 싱가포르의 핵심적인 해양관광단지이다. 이를 해양 문화 지수 측면에서 살펴보면 싱가포르는 해양 주변에 대규모 관광단지를 형성하고 있고, 이를 잘 활용하고 있으므로 해양문화 지수가 아주 높은 국가라고 말할 수 있다.

<그림 8> 머라이언 파크

<그림 9> 가드슨 바이 더 베이

<그림 10> 마리나 베이 샌즈

IV. 싱가포르의 특성, 둘

싱가포르는 1965년 8월 신생 독립국으로 출범하면서 '아시아의 멜팅폿'[46]을 국가 정체성으로 삼았다. 다민족은 아시아에서 싱가포르만이 가지고 있는 특성이 됐고 오히려 사회통합의 자원이 되었다. '멜팅폿' 싱가포르의 공용어는 영어·중국어·말레이어·타밀어(인도) 4개이며 모든 국민은 싱글리쉬인 기본어 영어와 모어(중국어·말레이어·타밀어 등) 등 최소 2가지 언어를 구사한다. 다인종주의가 존재하는 싱가포르에서는 인종이 가장 중요 요소다. 신분증과 주택이 적절한 예이다. 1954년부터 도입된 신분증을 살펴보면 인종 기록이 존재한다. 싱가포르의 초대 수상이자 싱가포르의 발전에 가장 큰 기여를 한 리콴유는 "이 세상 모든 사람은 같지 않다. 유전자와 역사는 만난다."라고 언급하며, 문화와 생물학 간에도 연관성이 있다고 주장했다.

이러한 다문화 특성을 가진 싱가포르는 지리적으로도 아시아의 중심지에 있으며 약 600여 개의 글로벌 금융기관뿐만 아니라 많은 글로벌 다국적기업이 공존해 있다. 따라서 고객관리를 할 수 있는 서비스업의 수요가 증가하는 추세로 해외 청년들에게 취업의 기회가 많다. 특히 싱가포르에서 근무한 경험이 있다면 다른 세계적 기업으로 진출하기 쉬우며 노동시장이 유연하므로 이직 또한 어렵지 않다. 이러한 점들로 인해 싱가포르로 해외 취업을 하는 이들도 적지 않다. 그렇다면 싱가포르는 어떤 나라의 문화들을 다양하게 가지고 있는가? 싱가포르 거리 곳곳에서 우리는 답을 찾을 수 있었다.

---

46) melting pot은 인종 문화 등 여러 요소가 하나로 융합 동화되는 현상을 뜻한다.

1. 문화구(리틀 인디아, 차이나타운, 아랍 스트리트)

아랍 스트리트는 이슬람교도들에 의해 형성되었으며 리틀 인디아는 차이나타운보다 더욱 종교적인 특색을 띠고 있다. 거리에 지나다니는 사람들은 화려한 장신구와 의상을 입고 있으며 노출이 있는 의상은 입고 있지 않았다. 아래 사진에 보이는 사원들을 입장할 때마다 신체가 보이지 않도록 긴 옷을 걸쳐야 했다. 또 다른 사원을 들어갔을 때 종교인들은 절을 하고 있고 그들의 신앙을 숨기지 않고 자유롭게 드러내고 있는 것을 볼 수 있었다. 이 거리에 지나다니는 사람들은 눈에 띄는 장신구를 걸치고 화려한 의상을 착용하고 있었다. 그리고 사원에서 인도의 종교 80% 이상을 차지하는 힌두교 신들의 그림을 종종 발견할 수 있다. 우리는 리틀 인디아와 아랍 스트리트에서 총 3곳의 사원을 방문했는데 그 이름과 외형은 아래와 같다.

sri veeramakaliamman 사원은 힌두교 사원으로 위에서 설명했듯이 인도의 종교 80% 이상을 차지하는 힌두교의 영향으로 세워진 것이다. 이런 모습에서 싱가포르가 인도 문화를 수용하고 있다는 것을 알 수 있다. 나머지 두 가지 사원은 모두 이슬람 사원이며 아랍의 종교는 이슬람교로 이를 통해 아랍 문화까지도 수용하는 것을 볼 수 있다. 반면 부산에서는 이주민이 늘고 있긴 하지만 다양한 종교를 찾기 힘들며, 종교적인 특색을 나타내고 있는 건물들도 보기 어렵다.

싱가포르의 차이나타운은 과거 중국계 이민자들이 싱가포르에 모여 살면서 형성된 지역이다. 이름 그대로 중국의 모습들을 보여주는 상점들이 줄지어 있다. 하지만 차이나타운은 비단 중국의 모습만 띠는 것이 아니라 싱가포르의 특색도 더해져 있어 더욱더 이색적인 문화를 형성하고 있다. 예를 들어 건물들과 길거리에 걸려 있는

<그림 11> sri veeramakaliamman 사원

<그림 12> masjid abdul gaffor 사원

<그림 13> masjid sultan 사원

붉은 등은 중국의 특색을 보여주고 있지만 동시에 노점상에 팔고 있
는 열대과일들은 싱가포르의 특색을 잘 나타낸다.

2. 차이나타운 헤리티지 센터

차이나타운 헤리티지 센터는 싱가포르에 이주한 중국인들의 과거와 미래를 한눈에 볼 수 있는 생활사 박물관으로 차이나타운 내 파고다 스트리트에 있다. 1950년대를 그대로 재현한 내부 인테리어가 인상적이며 초기 정착민들의 주거지, 상점 등 주요 공간이 생생하게 꾸며져 있다. 중국에서 기아와 자연재해, 사회 불안 등을 피해 목숨을 걸고 이주한 사람들의 여정부터 정착 당시의 고된 생활상과 1950년대 초 차이나타운 황금기, 직업군까지 다양한 역사 자료가 전시되어 있다.

싱가포르 인구의 75%는 중국에서 이민 온 사람들의 후손들(이하 중국계)이다. 싱가포르에 중국계가 많은 이유는 말레이반도 일대를 식민지로 만들어 자원 수탈하기 위해 인력이 많이 필요했었던 영국과 망해가는 나라에서 살기보다 새로운 곳에 가서 잘 살아 보자는 중국인들의 희망이라는 두 이해관계가 부합했기 때문이다. 차이나타

<그림 14> 리틀 인디아의 거리 모습   <그림 15> 싱가포르 차이나타운 푸드
스트리트

운 헤리티지 센터 내부 전시장에 적힌 시구를 통해 당시 상황을 짐작해 볼 수 있다. 다시 고향으로 돌아가자는 아내, 그러나 성공을 꿈꾸는 자신 사이에서 갈등하는 가장의 고뇌를 담은 시이다.

우리 탕산(중국의 지명)엔 발전이 없다.
그래서 난 이민을 생각했다.
집에 먹을 것도 없다.
난 부와 인연이 없는 가난함이 싫었다.
나의 아내는 빨리 돌아가자고 재촉하는 동시에 눈물을 흘리며
내 말을 들었다.
너의 부모는 너를 사랑한다.
우리는 이제 멀리 내던져졌다.
버는 게 있든 없든 빨리 돌아가자.
가족을 기다리도록 하지 말자.

헤리티지 센터 1층 재현 전시실에서는 쿨리들의 일상을 생생하게 살펴볼 수 있다. '쿨리'는 고된 노동을 뜻하는 중국어인 '쿠리(苦力)'에서 유래됐으며 구두닦이, 길거리 판매상 등의 일을 하는 중노동자들을 의미한다. 이민 온 중국인들의 직업은 양복쟁이, 단순 임금노동자, 자본가 등 다양했다. 잘 살아 보자는 마음 하나로 싱가포르에 살면서도 중국인 이민자들은 자신들의 문화도 굳건히 지켜나갔다. 그래서 비록 강제 축출에 의한 것이지만 자신들의 나라를 세우게 됐고, 싱가포르 정부는 중국어도 공용어로 채택했다. 이는 거리 간판이나 이정표, 역명에 한자가 표기된 이유를 설명해준다.

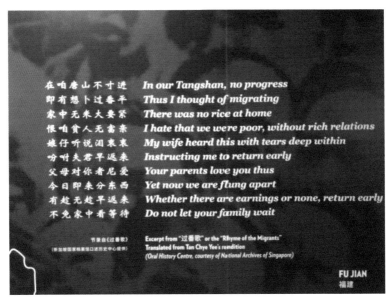

<그림 16> 차이나타운 헤리티지 센터 내 적힌 시구

<그림 17> 쿨리 일터

<그림 18> 1950년대의 차이나타운

3. 페라나칸 박물관

페라나칸은 아이를 뜻하는 말레이시아어인 '아나크(Anak)'에서 유래된 것으로 현지에서 태어났지만, 본토박이가 아닌 아이들을 부르는 말이다. 아랍계, 인도계, 유럽계, 중국계 등 다양한 페라나칸의 공동체가 존재한다. 그들을 지칭하는 용어도 존재하는데 남자는 '바바', 여자는 '논야'이다. 페라나칸 중에서도 가장 많은 수를 점유한 집단은 중국계이며 페라나칸은 중국 문화의 연장선이라고 볼 수 있다.

중국의 문화를 바탕으로, 또 유럽 식민통치의 영향으로 생활방식이 서구화되었기에 유럽의 문화도 공존한다. 페라나칸은 자국을 떠나 타지에서 자신들의 규범과 관습을 유지하며 살아갔지만 동시에 적절하게 현지 문화를 수용하는 자세를 가지고 있다.

페라나칸 박물관은 크게 다섯 테마로 나뉜다. 제1부 주제는 '믈라카에서 온 신랑 신부'이며 신랑은 중국식 복장을 하고, 신부는 자수와 구슬공예로 장식된 화려한 예복을 입고 있다. 12일간 거행되는 페라나칸 혼례의 첫날 모습을 사실적으로 보여준다. 제2부 주제는 '페

<그림 19> 페라나칸 박물관 입구   <그림 20> 박물관 내의 문구

라나칸의 혼례: 중국의 영향'으로 혼례의 침실을 재현했다. 중국의 영향을 받아 길상의 의미가 있는 장신구로 꾸며진 침실은 페라나칸 공예미술의 정수이자 페라나칸 박물관의 하이라이트이다. 제3부는 '뇨냐의 패션: 말레이의 영향'이다. 페라나칸의 여성과 남성의 전통 의상을 살펴볼 수 있다. 제4부 '서구화된 엘리트: 유럽의 영향'에서는 유럽의 영향을 받은 페라나칸의 모습을 살펴본다. 마지막으로 제5부는 '페라나칸 공예미술'로 페라나칸의 취향이 반영된 공예미술품들이 전시되어 있으며 페라나칸의 여성들은 화려한 자수와 구슬 세공품을 많이 남겼다. 이처럼 우리가 방문한 페라나칸 박물관에서 과거부터 현재까지 그들의 문화와 종교, 생활방식 등을 이해할 수 있었다.

V. 나가며

이렇게 부산의 특성과 싱가포르 현지에서 방문한 기관을 토대로 싱가포르의 특성을 정리해 보았다. 둘을 비교해 보면, 먼저 부산의 결절성은 싱가포르와 꽤 유사하다고 보인다. 싱가포르 역시 영국의 식민 지배기간 동안 교역이 발달할 수 있었다. 그리고 비슷한 해상 관광 자원을 가지며, 해상 네트워크를 통해 부산과 싱가포르는 혼종성, 다문화성이라는 특성을 공유하고 있다. 특히 싱가포르는 이민에 대한 포용력이 높으므로 부산보다 다문화적인 성격을 띤다.

다음은 현지 방문 전 연구 계획서를 통해, 본 연구팀이 작성한 세 가지 기대효과이다. 먼저, 싱가포르의 해양 지수를 연구할 수 있다. 싱가포르 현지답사로 싱가포르 지수 및 싱가포르 해양 지수 연구를 통해 코어 사업단에서 진행하는 부산의 해양 지수 연구에 구체적인 자료를 제시 할 수 있다. 둘째, 싱가포르 현지 연구를 통한 취·창업 기회의 다양성을 제고할 수 있다. 싱가포르는 다양한 관광 산업, 각종 컨벤션 산업이 발달한 도시 국가이며, 인구의 과반수가 화교라는 특성을 가진 만큼 MICE, 중국학, 국제지역학 전공자라면 향후 해외 취업과 창업을 생각해 볼 수도 있는 곳이다. 마지막으로 다문화 이해를 위한 교육 모델을 제시할 수 있다. 국제화 시대에서 다문화, 그리고 지역 간의 상호 공감과 공유는 아주 중요하다. 현재 부산에서는 문화 관광국, 부산국제교류재단, 부산문화재단과 같은 단체들을 통해 시민들이 한국과 일본, 양 국가의 문화 이해 증진을 위해서 기획하는 것들이 많다. 예를 들어 문화 이벤트, 교류 코디네이터와 같은 전문 인력 양성과 같은 것이 있다. 중국의 경제력이 막강해지고 화교 네트워크가 국제적으로 중요한 현시점에서 위와 같은 단체를 통한 중화권과의 교류를 위한 프로그램이 확대될 필요가 있다고 생각한다. 이를 위해서는 먼저 다문화를 이해하는 것이 중요하다. 싱가포르 차이나타운 및 싱가포르 축제에 직접 탐방을 추진한다면 다문화 및 화교 네트워크를 이해하는 데에 도움이 될 수 있고, 교류 프로그램에 대한 학생들의 참여 인식을 높일 수 있을 것이다.

두 도시는 해양 공간과 역사 그리고 이를 바탕으로 한 항만, 무역, 금융 등의 산업까지 닮은 부분이 매우 많다. 하지만 '아시아의 멜팅 폿(melting pot)'을 국가 정체성으로 채택한 싱가포르에 비해 부산은 단일민족의 경향이 뚜렷하고, 이민의 역사도 길지 않을뿐더러 타문화를 수용하는데 미숙하다. 이는 부산만의 특성이 아닌 한국 전체의 현상이다.

참고문헌

<저서>
윤명철, 『한국 해양사』, 학연문화사, 2014년

<논문>
부산광역시, 「부산의 해양관광 이해 및 발전 방안」, 『한국연안방재학회 학술
　　　발표대회 논문집』, 2017년
박소정, 「싱가포르 페라나칸의 성립과 문화」, 동국대학교 석사학위 논문,
　　　2017년
박향화, 강영조, 「부산 상해거리 상점 전면부 경관요소의 유형적 분석과 중국
　　　전통 경관이미지의 재현 수법에 관한 연구」, 『한국전통조경학회지』
　　　Vol.30 No.2, 2012년
장현정, 「다문화 시대 부산의 현황과 미래전략 –이주노동자, 이주여성, 유학
　　　생을 중심으로」, 부산발전연구원, 2014년
보도자료, 「이주민 소식 창 제 140호」, 2018년

<인터넷 자료>
국립해양박물관 사이트 http://www.knmm.or.kr/Main/Main.aspx
SEA LIFE 사이트 https://www.busanaquarium.com/Default.aspx
부산 근대역사 박물관 http://museum.busan.go.kr/modern/mdboard

┌─── **<여행소감 한 마디>** ───

　현재 싱가포르가 집중적으로 투자하는 것은 인재를 발굴하는 것이라고 한다…싱가
포르 국립대학을 예로 들어 설명해보자면 학생들을 가르칠 때 가장 중요하게 생각하는
것 중 하나가 바로 글로벌 탤런트라고 한다. 글로벌 탤런트를 가지고 세계 곳곳에서 일
할 인재를 양성 하는 것이 목표인 것이다. 하지만 반면에 싱가포르는 자국의 인재들 뿐
만아니라 해외 인재들을 많이 데려오는 편이라고 한다. 싱가포르에는 많은 외국인 인재
들이 일을 하고 있고, 그들은 오로지 능력으로 인정받아 싱가포르에서 일하고 생활하고
있고, 능력 이외에 성별·인종·문화 등의 차이는 그다지 중요하게 여겨지지 않는다는
점에서 현재 우리나라와의 상황과는 다르다고 느꼈다.(주연화·중국학과)

4장 일본 해양교육을 통해 본 해양인문학

2017년 하계 글로벌챌린지: 일본

팀명: 아키라카

팀원: 전영현(일어일문학부, 3학년)

김재은(국제통상학부, 3학년)

김세린(일어일문학부, 2학년)

I. 들어가며

한국, 그리고 부산의 해양산업은 끝없는 발전과 성장을 보인다. 바다를 접하고 있는 부산에서의 해양산업은 매년 1000만 명의 피서객을 부르는 해운대를 중심으로 요트산업과 광안리 불꽃 축제 등 해양을 최대로 활용한 산업들이 있다. 이들 산업을 이어나가며 부산은 국내의 대표적인 바다 여행지가 되어가고 있다. 국내를 넘어서 해외에서도 부산은 많은 사랑을 받고 있다. 이렇게 해양 산업이 끝없이 발전하고 있고, 많은 성과를 낸 이 시점에서 한 가지 생각해 봐야 할 것이 있다. 해양 산업이 발전하고 있는 것에 비해 관련 산업에서는 일손 부족 현상이 일어나고 있다는 것이다. 해양 산업 관련 일자리는 준비되어 있지만 해양 분야에 취업을 희망하는 학생들이 없다는 것을 의미하는 것은 아닐까?

실제로 바다를 바로 접하고 생활하고 있으며 해양도시 부산에서 태어나 자란 아이들은 바다에 대해서 얼마나 관심이 있으며, 잘 알고 있을까. 본 연구팀은 부산에서 해양교육이 잘 이루어지지 않고 있다고 생각했다. 부산 내에 위치한 해양 관련 학교는 해사고등학교 뿐이며 일반 학교에서 바다에 대한 교육은 잘 이루어지지 않고 있다. 또한 세계에서 가장 많이 이용되는 중요한 운송수단인 배에 대한 정보도 많이 모를 뿐더러 바다 가까이 생활하고 있지만 직접 배를 타보는 체험도 잘 이루어지지 않고 있었다. 해양에 대해 잘 알 수 있는 부산 해양박물관은 직접 방문해 보니 구성은 잘 되어 있었지만 교통이 상당히 불편하여 방학인데도 불구하고 학생들이 많이 보이지 않았다. 대표 해양도시 부산의 자라나는 희망이자 미래인 학생들을 위한 해양교육이 잘 이루어지지 않는다면 해양도시의 미래를 이끌어 갈 인재 육성에도 어려움이 있으리라 생각한다. 부산이 세계적인 해양도시가 되기 위해서는 부산의 해양 산업을 이끌어 갈 인재가 있어야 하고, 그 인재를 육성하기 위해서는 해양교육이 필요하다고 본다.

한국 해양수산부는 2017년 올해에 해양교육 5개년을 발표하였다. 한국에서도 해양교육에 대한 필요성을 인식하고 시작하게 된 것이다. 이렇게 시작을 밟게 된 지금, 이미 해양교육이 잘 진행되고 있는 다른 국가의 사례를 볼 필요가 있다고 생각한다. 바다는 세계로 이어져 있기 때문에 국가마다 어떠한 방법으로 해양교육이 이루어지고 있으며 이를 통한 학생들의 성장 효과는 어떠한지 등을 알아보고 좋은 사례는 참고할 필요가 있다고 생각한다.

해양교육의 필요성을 느끼게 된 본 연구팀은 본격적으로 해양교육을 연구하기로 하였다. 한국은 아직 해양교육이 부족하지만, 네덜란드, 영국, 일본 등의 국가에서는 한국보다 해양교육이 잘 이루어지고 있어 이러한 국가에서의 해양교육 흐름을 보고 배울 필요가 있다고 생각하였다. 여러 해양교육 선진국들 중에서 '일본'이라는 나라를 선택했다. 한국과 비슷한 문화를 가지고 있는 국가를 우선으로 연구할 필요가 있다고 생각했고, 한국에서 이루어지는 해양교육이기 때문에 한국의 문화와 맞아야 하며 해양을 통한 교류에서도 가까운 국가가 좋을 것 같다고 생각했다.

일본 해양교육의 현재 상황을 보면, 먼저 해양기본법에서 해양 인재 양성과 교육 강화를 규정하고 있다. 또한 최근 '해양교육 그랜드 디자인'이라는 초등학생용 해양교육 교재에 대한 연구를 끝냈다. 중·고등학생, 나아가 대학생용 교재까지 만들어 해양교육 프로그램을 강화하고 있다. 이러한 일본의 해양교육 흐름을 보면 한국의 해양교육에도 큰 도움이 되리라 생각한다.

본 연구팀의 연구 내용을 공공기관에서의 해양교육과 사회단체 그리고 타 기관에서의 해양교육으로 나누어서 연구하고자 한다. 먼저 공공기관에서의 해양교육에 있어서는 도쿄대학 해양교육 촉진 연구센터, 해양정책연구소, 홋카이도교육대학 부속중학교에 방문·인터뷰하여, 국가에서 직접 이루어지고 있는 해양교육은 어떠한 것이고, 어떤 흐름으로 해양교육이 진행되고 있는지 알아보고자 한다.

그리고 사회단체와 타 기관에서의 해양교육은 해양소년단 연맹, 오타루 수족관, 오타루 운하 등을 탐방하며 생활 속의 해양교육이 어떻게 이루어지고 어떤 특징이 있는지 조사할 예정이다. 한국에도 물론 해양소년단이 있으며 아쿠아리움이나 해양박물관이 있지만 그다지 해양교육에 큰 효과를 보지 못하고 있으며 단지 관광객 유치를 위한 방향으로 많이 기울어져 있다는 것을 볼 수 있다. 그렇기 때문에 일본의 해양소년단은 해양교육을 위해 어떤 프로그램을 진행하고 있는지 방문인터뷰를 할 예정이고 수족관이나 운하 등에도 직접 탐방을 하고 체험을 하면서 어떤 차이점이 있는지 알아볼 예정이다.

II. 공공기관에서 이루어지는 해양교육

1. 해양교육 연구기관 연합

공공기관이 연구하고 담당하고 있는 해양교육은 크게 세 기관이 함께 연합하여 활동하고 있다. 일본재단을 중심으로 도쿄대학 해양교육 촉진연구센터와 해양교육정책연구소의 세 기관이 매달 모여서 회의를 하며 해양교육을 위한 연구와 지원을 진행하고 있다. 지난 2007년 해양기본법이 제정된 이후 정부에서는 해양교육에 대한 열정을 가지게 되었고, 이를 통해 이루어진 세 기관은 본격적으로 해양교육을 위한 연구를 실행하게 되었다. 수많은 회의를 통해 '해양과 인간의 공생'을 위한 해양교육의 프로세스를 함께 만들게 되어 '바다와 친해지기- 바다를 알기- 바다를 이용하기- 바다를 지키기'의 순서로 학생들이 바다에 대한 관심을 조금씩 높이고 함께 공존해 갈 수 있도록 교육 프로그램을 만들어 가고 있다. 하나의 목표를 가지고 함께 연합하여 활동하고 있지만 기관마다 하는 주된 활동은 다르다.

먼저 일본재단은 해양교육을 위한 직접적인 연구와 활동을 하지는 않지만, 도쿄대학 해양교육 촉진연구센터와 해양교육정책연구소에서 이루어지는 연구과 활동에 대해 전적으로 경제적인 지원을 해주고 있다.

도쿄대학 해양교육 촉진연구센터는 일본에서 유일하며 최대 규모를 자랑하는 해양교육 연구센터이다. 해양기본법 28조를 바탕으로 국민들이 해양에 대한 이해와 관심을 가질 수 있도록 대학에서 해양 관련 정책 과제를 대응할 수 있는 인재육성을 위해 설립되었다. 해양과 인간의 공생이라는 이념에 부합하는 인재를 육성하는 것을 목표로 문화·생활·학문·산업 속에서의 해양교육을 12분야로 나누어 진행하고 있다. 도쿄대학교 해양교육 촉진연구센터의 히오키 교수님을 중심으로 많은 해양관련 교수님과 해양을 교육하고자 하는 학교들이 연계하여 해양교육 프로그램을 제공한다. 또한 해양교육 연구·실적에 관한 책을 출판하고 전국의 학교에서 이루어지고 있는 해양교육과 그 성과에 대한 책도 출판하며 해양교육 관련의 다양한 연구를 끊임없이 이어가고 있다. 히오키 교수님과의 인터뷰 속에서 알 수 있었던 부분으로는 먼저 실생활에 필요한 해양안전을 교육하기 전에 이안류에 관한 퀴즈를 진행하였는데 당시 학생들의 정답률은 30~40%로 높지 않았다고 한다. 이러한 조사 결과를 토대로 해양 안전교육의 필요성을 더욱 강조하며 전국적으로 해양 안전교육이 진행될 수 있었다. 또한 해양교육의 연구 기관 연합에서 연구 부문을 담당하고 있는 도쿄대학 해양교육 촉진연구센터에서는 일본에서 지정한 바다의 날인 7월 17일에 해양교육포럼을 열기도 하는 등 끊임없는 연구를 진행하고 있다. 이렇게 많은 연구 속에서 가장 중요하게 여겨지는 부분은 바로 '영토·영해를 위한 바다가 아닌 세계의 바다라는 것'을 인식시켜 주는 것이다. 바다를 뉴스에서 나오는 영해문제의 바다로만 인식하지 않고, 전 세계를 연결시켜주는 소중한 존재라는 것을 알고 세계의 바다라는 것을 먼저 알 수 있도록 하는 교육 프로그램을 준비하고 있다.

마지막으로 해양교육정책 연구소에서는 해양교육을 위해 각 학교에 실질적인 경제적 지원을 중심으로 활동하고 있다. 아직 설립된 지 2년 정도밖에 지나지 않았지만 실제 활동 내용과 성과가 눈에 보일 정도로 빠른 성장을 보였다. 주 활동은 학교별 해양교육에 대한 지원과 각 학교가 함께 모여 커리큘럼을 공유할 수 있는 환경을 제공하는 것이다. 일본재단과 사사카와 평화 재단의 도움으로 지원금을 만들어 학교마다 하나의 해양교육 테마를 만들고, 기획서를 작성한 학교들을 선발하여 해양교육 진행에 있어서 바다 관련 강사 초청, 해양체험 등의 활동에서 학생들이 좋은 환경에서 교육을 받을 수 있도록 도움을 주고 있다. 해양교육은 한가지로 단정 짓지 못할 만큼 다양한 분야로 나누어져 있기 때문에 각 학교별로도 교육하고자 하는 해양교육의 분야가 다르다. 따라서 해상 운송, 해양 생물, 조선 사업 등 다양한 분야로 나뉘어 교육이 이루어진다. 연구소는 지원이 이루어지고 있는 학교를 방문하고 해양교육에 어려움을 겪고 있는 학교를 위해 전국의 해양교육 실시학교가 모여 자기 학교의 해양교육 프로그램을 소개하며 어떠한 방법으로 진행하고 있는지 공유하는 시간을 가지며, 질의응답 시간을 통해 서로 도움을 주고받을 수 있는 만남의 장을 제공하는 역할을 하고 있다는 것을 해양교육정책연구소에서의 인터뷰를 통해 알 수 있었다. 이렇게 해양교육정책 연구소에서는 학생들의 교육이 직접 이루어지는 학교에서 해양교육이 잘 이루어질 수 있도록 지원과 관리 및 학교의 활동 공유 시간을 가지고 있다. 해양교육정책 연구소에서도 강조하고 있는 부분은 '영토·영해로서의 해양교육이 아닌 세계의 바다라는 것을 인식시킬 수 있는 해양교육'을 중심으로 진행하고 있다. 이를 통해 학생들이 자국의 영해만을 생각하는 것이 아니라 더 넓게 생각할 수 있도록 생각의 폭을 넓힐 수 있도록 노력하고 있다.

이처럼 해양교육 연구기관연합은 기관별로 해양교육을 위해 끊임없이 노력하며 2017년에는 8월 3일부터 5일까지 2박 3일간의 해양교육 교원 연수 프로그램을 준비하였다. 전국에서 해양교육 실시 학교의 담당 선생님을 중심으로 진행될 예정이다. 프로그램 진행은 해

<그림 1> 해양교육촉진연구센터　　　<그림 2> 해양교육정책 연구소에서 인터뷰
히오키 교수님과 인터뷰

양교육정책 연구소에서 기획하고, 주 교육 내용은 도쿄대학 해양교육 촉진연구센터에서 준비하며, 총 경비 담당은 일본 재단이 맡았다. 이후에 더 나아가 해양교육 연구 연합회를 만들어 해양교육에 대한 연구와 회의를 함께하고 단순 연구원들만의 모임이 아닌 학교 선생님들이 주가 되어서 진행될 예정이다.

2. 해양교육 프로그램

해양교육 프로그램은 도쿄대학 해양교육 촉진연구센터에서 꾸준히 연구해 오면서 학생 맞춤으로 다양하게 개발되어 왔다. 앞서 기술한 바와 같이 '바다와 친해지기- 바다를 알기- 바다를 이용하기- 바다를 지키기'의 흐름으로 교육 프로그램을 진행할 예정이기 때문에 먼저 바다에 대한 흥미를 느낄 수 있도록 흥미 유발 프로그램을 직접 연구하고 기획하였다. 바다에 대한 흥미는 간단한 놀이를 통해 생겨날 수 있기 때문에 배 체험이나 바다 관련 영화나 영상 시청 등으로 바다에 대해 스스로 관심을 가질 수 있도록 유도한다. 이후 바다에 대해 구체적으로 알기 위해 교과서 수업을 통해 자연스러운 이해를 도모한다. 또한 퀴즈 맞히기를 통해 바다에 대한 관심과 더불어 호기심을 자아낼 수 있도록 교육의 흐름을 잡는다. 이를 통해 주관적인 시각을 중심으로 생활해왔던 학생들이 객관적 시각을 활용하게 되어 스스로 생각하고 바다를 이용하게 된다. 마지막으로 환경에 대한 교육을 통해 바다를 지키고자 하는 의식을 심어주는 교육이 계획·실시되고 있다. 따라서 해양교육 프로그램은 크게 교과서에서의 해양교육과 해양체험을 통한 교육으로 나뉜다.

먼저 교과서에서의 해양교육은 교과서 속에서 배울 수 있는 해양교육으로 학생들이 수업을 통해 정확한 지식을 깨우칠 수 있도록 한다. 평소 해양교육이라는 과목도 없고, 단원도 없으며 한 교과서에서 해양에 관해 언급한 부분을 다 모아보면 교과서 두 페이지에 불과하다는 사실을 홋카이도교육대학 부속 중학교에서의 인터뷰를 통해 알 수 있었다. 그렇기 때문에 많은 학교에서 해양교육 단원을 만들 수 있도록 노력을 기울이고 있다. 주요 과목들을 살펴보면 국어, 도덕, 수학, 사회, 과학 등에서도 조금씩 해양과 관련된 내용이 들어가 있다. 그렇기 때문에 이 부분에서 조금 더 심화해서 배울 수 있도록 하고 있다.

주로 과학에서는 바다 생물이나 해양판, 지질 등 심해와 관련된 수업을 진행한다. 특히 해양판 부분을 배울 때, 일본은 4개의 해양판으로 이루어져 있기 때문에 이 부분을 더욱 이해하기 쉽게 가르치기 위해 도쿄대학 해양교육촉진 연구센터에서 세계 해양판 퍼즐을 제작하여 학생들이 직접 맞추어 보아 마지막에 4개의 해양판이 모여서 이루어지는 일본을 보며 일본이 4개의 해양판으로 이루어져 있다는 것을 확실히 이해할 수 있게 된다. 이 흐름에 이어 4개의 해양판으로 이루어져 있기 때문에 지진 발생률이 높다는 것을 설명하고 더 나아가 지진 대피를 교육하여 스토리텔링을 통한 기억에 오래 남을 수 있는 해양교육이 될 수 있다.

그리고 사회 과목에서는 해양을 통한 국제교류를 배우게 된다. 과거 역사를 거슬러 올라가 보면 해외와의 교류를 통해 발전되며, 현재에도 국제적으로 수입과 수출의 교류가 이루어지면서 생활이 발전되고 있다는 것을 알 수 있다. 그리고 이러한 교류가 이루어지고 있는 가장 중요한 요소인 해양에 대해 배우면서 자연스럽게 바다의 중요성을 알고 바다를 통해 전 세계가 이어져 있다는 것을 사회 수업을 통해 이해하게 된다면 이후 국제적인 부분에서 큰 영향을 줄 수 있을 것이다.

기술·가정 시간에는 함께 소금을 만들어 보며 바다에서 어떻게 소금이 생성되는지 배우게 되고, 수학시간에도 자주 사용되는 농도와 관련된 문제에 바다를 접목할 수 있다. 교과서 수업만으로도 바다를 심해 농도와 해양판 부문의 수학, 과학적 측면, 해상 운송을 통한 국제적 교류 부문의 사회적 측면, 기술가정 시간을 통해 소금을 만들어 보며 생산적 측면 등 다양한 차원으로 접할 수 있어 학생들에게 좋은 영향을 끼칠 수 있다.

이렇게 교과서를 통한 해양교육이 있는 동시에 직접 해양체험을 하면서 바다를 몸으로 느끼는 교육 또한 이루어지고 있다. 주로 배를 직접 타보며 교육을 진행하고 있고, 학생들이 주로 다니는 통학로를 배 위에서 직접 바라보며 보는 지점이 다르다는 것으로 객관적인 사고를 키울 수 있다. 이러한 객관적인 사고는 더욱더 넓은 시야를 가지게 해주며 해양교육을 통해 바다에 대한 지식뿐만 아니라 앞으로의 모든 활동에 필요한 사고력 또한 갖출 수 있게 해준다. 그리고 학교마다 해양교육의 해상교통을 시작으로 해양생물, 해양 생산, 기상 현상 등 교육 테마가 다양한 만큼 그에 맞는 야외 체험이 이루어지고 있다. 홋카이도 교육대학 부속 중학교의 군지 선생님과의 인터뷰에 따르면, 한 학교는 바다에 접해있으며 자기 지역의 바다에서 나오는 특산물을 함께 채집하고 가공하여 작은 봉지에 담아 수학여행으로 다른 지역으로 떠났을 때 그 지역 분들에게 나누어주면서 자기 지역의 바다 특산물을 홍보한다고 한다. 이처럼 해양체험은 다양한 방법으로 이루어질 수 있고, 이를 통해 학생들의 눈에 띄게 성장한 모습을 볼 수 있다고 한다. 더 나아가 학생들이 직접 호기심을 가지고 조사한 것을 1년에 한 번 정도 열리는 전국 해양교육 정상회담에서 직접 발표하도록 하는 등 해양 산업을 위한 인재 개발도 진행되고 있다. 이러한 방법으로 해양에 대한 교육 뿐 아니라 해양을 이용하여 다양한 부분에서 성장할 수 있도록 노력하고 있다.

3. 학생들의 해양교육 체험 및 반응

이렇게 일본에서는 해양교육 연구 기관 연합을 중심으로 해양교육이 연구·실시되고 있으며 각 학교에서는 많은 지원과 도움 아래 해양교육을 잘 진행하고 있었다. 그렇다면 이러한 풍부한 해양교육을 받는 학생들의 생각은 어떠한가. 이 부분을 직접 알기 위해 홋카이도 남단의 대표 미항이 있는 하코다테에 위치한 홋카이도 교육대학 부속 중학교에 방문해 보았다. 이 중학교에서는 이번 9월부터 해양교육을 본격적으로 실시할 예정이라고 하였으며 그 이전에 지난 7월 8일 학교에서 6명을 선출하여 함께 페리를 타보는 프로그램을 진행하였다. 프로그램 진행 전에는 아름다운 항구를 가진 하코다테에서 생활하고 있지만 배를 타보지 못한 학생들이 대부분이었으며, 다른 지역으로 이동할 때에는 빠른 신칸센을 이용하거나 비행기를 이용하였다고 한다. 이렇게 시간 단축을 위해 빠른 이동수단을 이용해 왔기 때문에 학생들에게 배에 대한 질문을 던졌을 때 단순히 지루할 것 같고, 느리다는 인식이 많이 있었다고 한다.

이러한 상황 속에서 홋카이도 교육대학 부속중학교 군지 선생님께서 문제점을 파악하여 해양교육정책 연구소에 지원 신청과 기획서를 작성하여 본격적인 해양교육을 하게 되었다고 한다. 그렇게 진행하게 된 지난 7월 8일 페리 선상 실습은 학생들의 인식을 바꾸기에 많은 도움이 되었다고 한다. 실제 학생들이 페리에 탑승해 보니 자유롭게 돌아다닐 수 있으며 바다를 바라보며 갈매기들에게 먹이도 주면서 즐겁게 시간을 보내고 있으니 어느새 목적지에 도착했다고 한다. 그리고 이후 다시 돌아올 때는 신칸센을 타고 돌아왔는데 시간상으로는 배를 타고 이동하는 것보다도 짧은 시간에 도착하였지만 학생들은 배를 타고 있었을 때의 체감 시간이 더욱더 짧았다고 말하였다. 또한 배를 탔을 때 페리 관계자의 도움으로 직접 조정실에 들어가서 어떻게 배가 이동하는지 직접 보고 많은 것을 배웠다고 한다. 이를 통해 학생들이 가장 많이 느낄 수 있었던 것은 배는 단순히 느리고 지루한 이동수단이 아니라는 것이다. 지금까지의 인식을 한 번의 경험으로 바꿀 수 있었다는 것이 정말 좋은 해양교육의 효과이다. 이렇게 해양 체험을 하면서 학생들은 많은 것을 배우게 되었고, 이에 대한 보고서와 발표회를 추후에 진행할 예정이라고 한다.

그리고 직접 하코다테를 탐방하면서 새롭게 알 수 있었던 것은 하코다테의 미항이 한 눈에 보이는 경치 좋은 곳이며 대표 포토존으로 불리는 장소에 고등학교가 있었다. 하코다테는 또한 일본 신 3대

야경으로 불릴 정도로 야경이 아름다운 곳이기도 하다. 단순 야경이 아닌 바다의 어두움과 육지의 빛으로 이루어져 있어 특별한 아름다움을 선사한다. 바다의 은혜를 많이 받고 아름다운 경치를 자아내는 하코다테에서 생활하고 있는 학생들 또한 바다의 영향을 많이 받고 있으며 자랑스럽게 여기고 있다고 한다. 자기 지역의 바다를 자랑스럽게 여기게 된다면 지역 홍보로까지 이어나갈 수 있는 큰 장점이 있다.

그리고 더 나아가서 전국적으로도 해양교육을 통해 해양에 대한 학생들의 인식이 변화하고 있다. 해양교육정책 연구소에서의 인터뷰에 따르면 아직 본격적으로 시작한 지 몇 년 지나지 않았지만, 기존의 교육 속에서 신선한 해양교육을 접함으로써 생각의 폭이 넓어지고 있다. 해양교육을 통해 처음으로 바다에 가본 학생들은 기쁨을 표현하고 있으며, 바다가 근처인 지역에서는 지역 바다를 다른 시점으로 보고 배우는 것으로 바다의 아름다움을 더욱 친근하게 느끼게 되었다. 또한 함께 생각하는 교육을 통해 스스로 생각하는 능력이 높아짐으로 적극적인 사고력과 학력이 향상하고 있다.

Ⅲ. 사회단체와 타 기관에서 이루어지는 해양교육

1. 해양교육에서 배울 수 있는 도덕성과 사회성

공공기관을 통해 알아본 해양교육은 해양교육 연구 기관 연합의 꾸준한 노력으로 각 학교에서 많은 성과를 보였다. 이번에는 다른 시점으로 해양교육을 바라보고자 한다. 해양교육은 단순 해양에 대한 정보를 배우거나 해양 체험을 통한 새로운 지식을 습득하는 것이 아니다. 그러한 교육이 필요하지만 다른 방면에서 본다면 또 다른 부분을 성장시킬 수 있다. 해양교육은 정말 광범위하게 볼 수 있는 분야이기 때문에 지적인 부분의 성장뿐만이 아닌 도덕성과 사회성을 키울 수 있는 인성교육에도 큰 도움이 되고 있다. 대표적으로 해양소년단을 들 수 있다. 한국에도 해양소년단이 존재하고 있다. 하지만 교육열이 점점 뜨거워지는 지금, 학원에 다니느라 바쁜 학생들이 많기 때문에 해양소년단 활동은 많이 이루어지지 않고 있다. 하지만 일본의 해양소년단은 전국적으로 꾸준히 활동을 이어나가고 있다. 전국에 퍼져있는 해양소년단 중에서 그 중심 본부를 맡은 '해양소년단 연맹'에 방문하여 인터뷰를 진행하였다. 해양소년단은 해양 산업 강국인 일본을 이끌어 갈 전국의 청소년들에게 바다를 즐기고 배워 바다에서 단련할 수 있도록 하는 것을 신조로 하고 있으며 1951년에 설립되었다. "바다와 같은 넓은 마음으로 단결하여 모든 사람과 친구가 된다. 심신을 단련시켜 듬직한 바다의 소년이 된다." 라는 다짐 아래 현재 전국 91개의 해양소년단이 있으며 약 4,100명의 단원과 지도자들이 활동하고 있다.

해양소년단 연맹의 해양교육은 지적인 성장이 주가 아닌 도덕성과 사회성을 기른다는 목표를 가지고 있다. 육지에서도 도덕성과 사회성을 기를 수 있는 훈련이나 활동이 있지만 바다에서는 더욱 팀워크를 중요시하고 바다와 친해지기까지 많은 교육이 필요하기 때문에 바다에서의 활동을 통한 도덕성과 사회성이 더욱 청소년들에게 좋은 영향을 끼친다고 한다. 바다에 둘러싸인 일본의 지리 때문에 더욱 바다를 알아야 한다. 따라서 바다와 친해지기 위해 바다에서 필요한 기술이나 배 위에서 다른 배와 신호를 주고받을 때의 깃발 신호 등을 익혀 팀워크와 정신적인 단련, 그리고 바다에 대한 지식과 관심을 교육하고 있다. 여기서 배운 다양한 기술을 2년에 한 번 진행되는 전국 해양소년단 대회에서 지역별 해양소년단들이 서로 경쟁하기도 하고, 7월 17일 바다의 날에 깃발 신호 공연 등을 하며 스스로 해볼 수 있도록 하고 있다. 이처럼 해양소년단에서의 활동을 통해 청소년들은 자연 친화적인 활동으로 책임감이 높아지며, 자기 주도적인 생활과 단체 활동을 통한 팀워크 의식이 생기게 된다고 해양소년단 연맹의 이소타니 이사장님과의 인터뷰를 통해 알 수 있었다.

이렇게 해양소년단 활동을 통해 청소년들의 도덕성과 책임감, 사회성의 성장을 기대할 수 있다. 하지만 해양소년단 활동은 도덕성과 사회성만을 길러주는 활동이 아니다. 해양소년단 연맹의 특징이 있다면 바로 바다 관련 대회를 통한 재능을 성장이다. 해양소년단에서는 바다그림 대회, 콩쿠르, 해양소년단 대표 캐릭터 공모전 등 다양한 행사를 준비하고 청소년들은 이 행사에 참여하기 위해 바다를 더욱 자세히 보게 되고, 이해할 수 있게 되기 때문에 바다에 대한 친밀도가 높아지고, 이를 통한 해양교육도 이루어지고 있다고 할 수 있다. 일본의 해양소년단 연맹에서도 국내뿐 아니라 해외의 해양소년단과도 교류 활동이 이어지고 있다고 해양소년단 연맹 이소타니 이사장님께서 말씀하셨다. 매년 한국, 홍콩, 영국, 캐나다 등의 곳에서 교류 활동이 이어지고 있으며 함께 카누와 단체 보트 등으로 대회를 진행하거나 학생들이 서로 자매결연을 통해 홈스테이 활동을 하는 등 바다를 건너와 친구처럼 각 국가의 문화와 언어를 경험하고 배울 수 있는 환경이 준비되어 있다. 이를 통해 영토·영해를 위한 바다가 아닌 세계의 바다라는 것을 인식시키면서 국제적인 감각을 키울 수 있게 된다. 이렇게 해양교육에서 배울 수 있는 것은 단순 지식적인 것만이 아닌 사회생활에 꼭 필요한 도덕성과 책임감, 사회성 등을 배울 수 있는 것이다.

2. 해양관련 탐방지에서 배우는 해양교육

<그림 3> 해양소년단연맹
이소타니 이사장님과 인터뷰

<그림 4> 해양소년단 대표
캐릭터공모전을 통해
탄생한 캐릭터

공공기관에서 이루어지는 해양연구에 대해서도 많이 알 수 있었고, 사회단체에서도 덕성과 사회성 교육을 위한 해양교육에 대해서도 알 수 있었다. 그렇다면 과연 해양 관련 탐방지에서는 어떤 해양교육을 배울 수 있을까? 해양교육을 넓은 시야를 가지고 볼 수 있는 것처럼 해양교육을 접할 수 있는 곳도 학교, 사회단체 등 다양한 곳에서 접할 수 있다. 가장 대표적으로 수족관을 들 수 있다. 수족관은 해양교육의 최적 장소이다. 해양생물을 시작으로 밀물, 썰물의 원리 등 바다에 대한 정보도 다 알 수 있는 곳이기 때문에 자녀교육을 위해 가족 단위로 많이 찾기도 한다. 그러나 최근 한국의 수족관을 보게 되면 관광객 위주로 많이 구성되어 있다. 자세한 설명 보다는 예쁘게 사진을 찍을 수 있는 포토존이 많아졌으며 교육적인 측면보다는 미적인 측면을 많이 강조하고 있었다. 그리고 최근에 많이 문제가 되는 돌고래 쇼와 물개 쇼에서 동물 학대가 이루어지고 있다고 하면서 해양생물들을 대하는 인성적인 부분에서도 부족함을 보인다. 그 이외의 해양 관련 탐방지에서는 교육적인 측면이 많이 보이지 않는다. 그렇다면 일본의 해양 관련 탐방지는 어떠한지 탐방 해보았다. 본 연구팀은 대표적으로 오타루 수족관을 탐방하는 오타루 운하에서의 크루즈를 체험해보았다.

먼저 오타루 수족관을 탐방하였다. 오타루 수족관은 바다 바로 옆에 있으며 아름다운 경관을 자랑하는 곳이다. 도시 속의 수족관이 늘어나고 있는 요즘, 바다를 접하고 있는 수족관은 해양생물들이 더욱 건강하게 생활할 수 있는 환경을 제공하고, 이러한 모습을 아이들이 보면서 작은 부분 부분에서 자연스럽게 자극을 받을 수 있는 곳이다. 실제 방문한 날, 평일인데도 불구하고 방학을 맞이하여 오타루 수족관을 방문한 자녀 동반 가족들이 대부분이었다. 오타루 수족관의 가장 큰 특징은 바로 수족관 동물들의 생활환경이었다. 최근 문제가 되는 것은 수족관에 갇혀 심리적으로 고통 받고, 돌고래 쇼나 물개 쇼 등으로 학대 받는 동물들의 환경이라고 볼 수 있다. 하지만 오타루 수족관에서는 그러한 모습이 보이지 않았다. 아이디어 넘치는 생활환경 디자인으로 동물들이 즐겁게 생활하고 있다는 생각이 들었고, 이를 보는 아이들도 함께 즐거워하고 있었다. 어떤 한 곳에서는 수달이 실내에서 생활하는 장소에 있어서 처음에는 수달들이 조금 지루해하는 모습이 보였지만 사람들이 지나다니는 바닥에 통로가 있어 수달이 다른 곳으로 이동할 수 있도록 만들어져 있었다. 그렇기 때문에 수달들은 그 통로를 지나다녔고, 비록 한정된 공간이지만 공간을 최대한 넓혀서 즐겁게 생활할 수 있도록 만들어 놓아 동물들을 우선시하고 있다는 것을 느낄 수 있었다.

또 하나의 특징은 바로 바닷가에 위치한 동물들의 집이라고 할 수 있다. 단순히 바다를 구분해 놓은 것이지만 오타루 수족관이 5시에 문을 닫으면 해양생물들은 바닷가의 집으로 가고 있었다. 다른 수족관의 경우에는 다른 곳으로 이동이 되지만, 바닷가에 위치한 오타루 수족관의 장점을 살려 바다로 돌려보내서 생활할 수 있도록 만들어주었다. 심지어 단지 동물 종에 따라 구분한 것이 아닌 나이가 든 동물들을 위한 케어 공간, 출산 후 산후조리를 위한 공간, 아이들을 위한 공간 등으로 구분 지어져 있어 동물들의 건강을 우선시하는 모습을 볼 수 있었다. 이 또한 아이들이 보면서 자연 친화적인 환경 속에서 자연스럽게 배워나갈 수 있는 해양교육의 한 부분일 것이다.

다음으로는 오타루 운하를 방문하였다. 오타루 운하는 오타루에서 대표적인 관광지다. 아름다운 풍경을 선사하면서 홋카이도에서 빠질 수 없는 포토존이라고도 할 수 있다. 오타루 운하는 100년도 더 된 해상 교역의 역사가 남아있다. 단순히 풍경이 아름다운 곳이라고 지나칠 수도 있는 장소이지만 해양교육에 적절하며, 100년 전 활발하게 이루어지고 있었던 해상 교역에 대해서 설명을 들을 수 있는 곳이다. 직접 배를 타고 운하를 돌아보며 설명을 들을 수 있게 되어있기 때문에 탑승해 보니 주변에는 자녀와 함께한 가족동반의 분들이 많이 계셨다. 단순히 설명만을 듣는 것이 아닌 배를 타고 100년 동안 남아있는 운하의 역사를 볼 수 있기 때문에 아이들의 많은 호기심을 살 수 있다. 과거의 모습 그대로 남아있는 건물이 많이 있었고 당시의 해상무역을 통해 선진기술을 받아들여 해외에서 들어온 무거운 물건들을 한꺼번에 위에 올리기 위해 처음 설치한 엘리베이터가 남아 있었으며, 화산 폭발 시에 나온 돌로 만든 건물도 많이

<그림 5> 오타루 수족관 내부   <그림 6> 오타루 수족관

있어, 학생들의 호기심을 끌어냄과 동시에 흥미 유발을 통한 자연스러운 이해를 도울 수 있는 오타루 운하는 대표적인 관광지이자 대표적인 해양교육의 장소다.

이처럼 학교에서, 사회단체에서 배우는 해양교육도 있지만 가족과 함께 친구와 함께 직접 해양 관련 탐방지에 방문하여 자연스럽게 배울 수 있는 해양교육은 학생들에게 있어서 자연스럽게 해양 관련 꿈을 심어줄 수 있는 계기가 될 수 있을 것이다.

IV. 나가며

지금까지 '해양 산업 강국 일본에서 배울 수 있는 해양교육'이라는 주제로 일본의 해양교육을 연구할 수 있었다. 이제 지금까지의 연구 내용을 3가지로 요약하고자 한다. 가장 먼저 알 수 있었던 부분은 바로 단기간에 많은 성장이 있었다는 것이다. 2007년에 해양기본법을 제정하고 본격적으로 해양교육에 관심을 가지고 시작하게 된 것은 2-3년 전이라고 할 수 있는데 단기간에 일본의 해양교육이 성장할 수 있었던 것은 일단 기본 토대가 있기 때문이다. 일본의 해양교육이라는 이름은 새로울 수 있으나 이미 전부터 자연스럽게 해양교육이 이루어지고 있었다. 바다로 둘러싸인 국가이기 때문에 해양에 대해 연구하는 전문가가 많이 있으며 해양과 관련된 사건 등으로 인해 해양 관련 정보와 해양 안전 관련 정보도 많이 준비되어 있었다. 그렇기 때문에 해양교육에 대한 필요성을 인식하고 실행할 때에도 이미 준비된 정보와 준비된 전문가들이 있기 때문에 많은 시간이 필요하지 않았다.

그리고 해양교육 연구기관연합을 통한 연구와 실행, 지원이 잘 이루어지고 있었다. 일본재단과 해양교육 촉진연구센터, 그리고 해양교육정책 연구소가 함께 매달 회의를 하며 기관별로 해양교육을 잘 진행하고 있기 때문에 더욱 큰 성장을 이룰 수 있었다. 학교 별로 진행되는 해양교육에서도 어려움이 있다면 해양교육 교원 연수 프로그램을 진행하고, 해양교육 관련 학교의 선생님들이 모여 함께 활동 공유하는 시간을 가지며 도움을 줄 수 있도록 하는 끝없는 노력을 기울이고 있다. 이러한 노력이 토대가 되어 일본의 해양교육은 단기간에 성장할 수 있었다.

'해양교육'에 대해 교과서적 이론 교육과 해양체험, 그리고 도덕성과 사회성 교육 등을 폭넓게 볼 수 있다. 그렇기 때문에 그만큼 큰 효과를 얻을 수 있으며 학생들의 폭넓은 교육을 통해 큰 성장을 기대할 수 있다. 교과서에서 배울 수 있는 해양교육에 있어서도 단순

과학 등의 과목만이 아닌 전 과목에서 해양과 관련된 주제를 가지고 교육이 이루어질 수 있기 때문에 교과서에서만 봐도 폭넓은 교육이 이루어질 수 있다는 것을 알 수 있다. 그리고 해양체험에서도 체험 활동이 한정되어 있는 것이 아니라, 바다가 넓기 때문에 주어진 자원을 충분히 활용하면서 수영, 카누, 요트, 페리 체험 등 다양하게 해양을 느끼고 배울 수 있다. 그뿐만 아니라 자기 지역 바다의 특산물을 직접 채집하고 가공해보면서 자기 지역에 대한 자랑스러움을 일깨울 수 있고, 더 나아가 홍보 효과도 볼 수 있는 것이다.

해양교육의 장점은 주관적으로만 바라보고 있던 부분을 객관적으로 바라볼 수 있는 능력을 키울 수 있는 것이다. 자기가 보는 것이 전부였던 통학로를 배를 타고 직접 보는 것으로 객관적으로 보는 관점을 새롭게 접할 수 있고, 배는 느리고, 지루한 이동수단이라고 생각했던 주관적인 배에 대한 인식이 배를 직접 타 보면서 또 다른 새로운 매력이 있고 즐거운 이동수단이라는 인식으로 변해가면서, 이러한 활동을 통해 점점 넓은 시야를 가지고 폭넓은 부분에서 성장을 볼 수 있는 것이다. 해양교육에 대한 폭넓은 시야가 학생들에게 폭넓은 교육을 제공하고, 폭넓은 분야에서 발전과 성장이 있기 때문에 다른 교육과는 다른 큰 차이점이 있다.

해양 산업 강국 일본의 해양교육에 대해 연구하고 인터뷰하면서 공통으로 들었던 것은 '세계의 바다'라는 말이다. 현재 일본에서는 영토, 영해의 바다를 많이 강조하고 있으며 일본 국민들에게도 이러한 인식을 심어주려고 하고 있다. 하지만 실제 해양교육을 연구하고 지원하는 분들의 입장은 전혀 달랐다. 학생들에게 주어질 해양교육은 영토, 영해를 위한 해양교육으로 이루어지면 안 된다고 생각하고 있으며 결국은 세계의 바다를 강조하고 있다.

홋카이도 교육대학 부속중학교의 군지 선생님은 영토·영해를 위한 교육이 먼저 이루어지고 난 후에 바다가 세계로 이어져 있고, 결국 세계의 바다이기도 하다는 것을 교육하게 된다면 학생들에게 많은 혼란을 줄 것이라고 하였다. 그렇기 때문에 바다는 세계의 바다이고 우리 모두의 바다라는 것을 먼저 가르쳐 주고 이후 천천히 영토와 영해에 대한 개념을 설명해 나가는 것이 현명한 교육방식이라고 주장하였다.

물론 국가별로 차지하고 있는 영해가 있기에 이러한 부분도 인식할 필요가 있다. 하지만 영토와 영해에 대한 부분에서 아직 많은 갈등이 있기 때문에 해양교육 기관에서도 이 부분에 대한 언급을 피하고 있으며, 학생들을 위한 해양교육에서는 이러한 부분을 먼저 인식시키는 것은 옳지 않으며 스스로 생각할 수 있는 사고력을 키우기에 적절하지 않다고 판단하고 있었다. 더 나아가 바다는 단순 인간의 바다가 아니다. 지구상의 모든 생물이 바다를 이용한다는 인식을 가지고 바다로부터 오는 위험 등에 대처하는 방법을 함께 생각해야 한다. 이러한 공동체 의식이 우선되어야 한다.

'영토·영해를 위한 바다가 아닌 세계를 위한 바다'. 이것이 해양산업 강국 일본의 해양교육의 핵심이라고 할 수 있다.

참고문헌

도쿄대학 해양교육촉진연구센터 (http://rcme.oa.u-tokyo.ac.jp/)
해양교육 정책 연구소 (https://www.spf.org/pioneerschool/)
해양소년단 연맹 (http://www.jsf-japan.or.jp/)
홋카이도 교육대학 부속 중학교 (http://www.hokkyodai.ac.jp/
    fuzoku_hak_chu/)
오타루 수족관 (http://otaru-aq.jp/)
오타루 운하 (https://www.city.otaru.lg.jp/)

＜여행소감 한 마디＞

　　오타루 수족관에 도착을 한 후 가장 먼저 놀란 것이 자연의 아름다움이었습니다. 수족관 주변에 바다가 둘러싸여 있으며 언덕 위에 위치해 있기 때문에 먼 곳까지 한 눈에 볼 수 있었습니다. 이렇게 아름다운 자연과 함께하고 있는 오타루 수족관의 특징이라고 한다면 바로 수족관에 있는 물고기 등 다양한 동물들의 편안함이었습니다. 보통 수족관의 생물들은 좁은 공간에 방치되어 스트레스를 받아 수명이 단축되는 경우가 많고, 돌고래 쇼나 물개 쇼 등으로 동물들을 학대하고 있어 문제가 됩니다. 하지만 오타루 수족관을 포함한 일본의 수족관에서는 생물들의 안정을 최우선으로 생각하여 수족관 운영시간이 지나면 바다에 있는 집으로 이동을 합니다. 바다에 틀을 만들어 넓게 생활할 수 있는 자연적인 공간을 만들고 뿐만 아니라 나이가 든 생물을 위한 케어 공간과 출산한 생물을 위한 공간, 어른과 아이 생물을 위한 공간을 따로 분리를 하여 정서적인 안정을 위해 노력하고 있었습니다.(전영현-일어일문학부)

별첨 1. 영국팀 해양문화 성과발표회 PPT

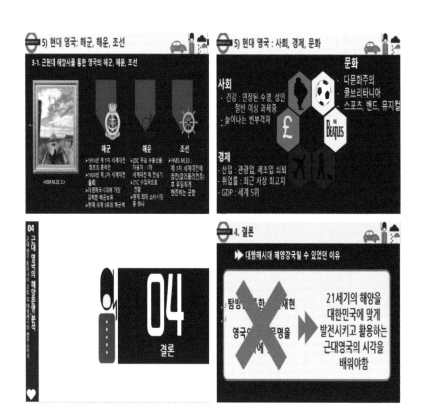

제2편
해양도시와 해양산업

5장 리버풀: 쇠퇴한 항만을 활용한 도시재생

2016년 동계 글로벌챌린지: 영국

팀명: 리버풀

팀원: 김수민(국제지역학부, 4학년)

박소영(국제지역학부, 4학년)

변규탁(국제지역학부, 4학년)

한다정(경제학부, 4학년)

Ⅰ. 들어가며

본 연구팀의 조원들은 4학년 마지막 학기 재학생들이다. 조원들은 취업을 목전에 둔 상황이므로 부산의 청년고용 및 일자리 현황에 대해 큰 관심이 있다. 부산지역의 청년 고용현황은 타 7개 지역보다 매우 부진한 상황이다. 부산은 산업 구조 전환의 부진으로 인해 일자리가 부족하며, 이로 인한 타 지역으로의 인구 유출이 지속되어, 청년층 인구 유출이 13.4%로 전남과 전북 다음으로 심각한 상황이다. 계속되는 청년층의 인구 유출은 노령화를 가속화하는 동시에 지역 경제발전을 저해하는 요소이다. 게다가 부산은 최근 항만기능 이전과 항만 배후산업의 쇠퇴로 인해 도시쇠퇴 문제에 직면해 있다. 급속한 도시쇠퇴는 곧 부산의 청년고용과 일자리 창출에 부정적인 영향을 미칠 것을 의미한다. 따라서 우리는 이와 같은 문제를 해결하기 위해 부산항만 도시재생 방안에 대한 논의를 진행하였고, 도시

재생을 통한 부산의 일자리 창출에 대한 고민을 바탕으로 이번 연구 조사를 시작하게 되었다.

과거 리버풀은 1960~1980년대 산업구조 변화를 겪으며 쇠퇴한 항구 도시로 전락하였다. 그러나 '머지사이드 구조계획(Merseyside County Council Structure Plan)' 수립을 통하여 방치된 항구 주변의 창고와 시설을 문화·산업 공간으로 개조하여, 세계적인 문화 도시로 거듭난 항만 도시재생의 대표적인 사례가 되었다. 머지사이드 구조계획은 버려진 부두인 '앨버트 독(Albert Dock)'을 수리해 문화예술 단지로 조성했다. 자국의 불명예스러운 역사를 이용한 세계 최초의 국제 노예박물관과 해양 도시로서의 정체성을 확립시키는 머지사이드 해양박물관 등을 개관하면서 현대미술, 해양역사, 노예사, 비틀즈 등 다양한 분야와 세대를 아우를 수 있는 세계적인 문화 도시로 성장하는 체계를 갖추었다. 리버풀의 문화 도시로의 성장은 수많은 관광객을 유치하였고, 경제 성장과 문화 자산을 이용한 창의적인 산업은 일자리 증가에 일조했다.

부산 역시 항만 도시로서의 고유한 역사와 문화를 가지고 있다. 그러나 해양관광단지 위주의 개발계획과 지역 사회의 문화적 일체감 부족으로 인해 잠재적인 역사와 문화를 제대로 활용하지 못하고 있는 것이 현실이다. 하지만 항만·해양도시라는 특색을 지닌 부산의 역사와 문화를 이야기로 풀어낼 수 있는 기반을 구축한다면 영국 리버풀과 같이 국제적인 항만 도시로 거듭날 수 있으리라 생각한다.

본 연구팀의 연구 목적은 부산의 항만 도시재생과 관련하여 '북항재개발사업'의 합리적인 활용방안을 탐색하고 문화도시로서의 성장 가능성을 제시하는 것이다. 이에 리버풀 앨버트 독이 버려진 부지 활용을 통해 리버풀의 역사를 어떻게 풀어내고, 문화자원을 창출하였는지 분석하고자 한다. 더 나아가 앞으로 어떻게 부산의 문화 시설을 구축하고, 기타 산업과 어떤 식으로 연계할 수 있을 것인가에 대해 도움을 얻고자 한다.

II. 조사 방법

리버풀의 버려진 곳을 활용한 도시재생 사례를 연구하기 위해, 당시 리버풀의 도시재생 정책과 현재 부산의 항만 도시개발 현황을 파악할 필요가 있다. 이에 우선 리버풀을 포함한 영국의 도시재생 정책을 문헌 조사를 통해 일차로 연구한다. 그리고 현지 조사의 목적에 맞게 실패 사례와 성공 사례를 분석한다. 둘째, 문헌 조사에서 얻은 이론적 배경을 토대로 앨버트 독 일대를 현지 조사하여 리버풀의 도시 재생이 성공적인지 알아보고자 한다. 앨버트 독의 테이트리버풀, 비틀즈스토리, 해양박물관, 노예박물관을 방문하여 버려진 부지의 관광지로의 변화를 알아보고, 기타 산업과 더불어 긍정적인 효과를 가져다주었는지를 조사하고자 한다. 셋째, 김정후 교수님과의 인터뷰를 통해 문헌 조사에서 부족했던 도시재생 정책과 관련한 조언과 도시개발이 아닌 도시재생이 필요한 이유에 대해 자문을 얻고자 인터뷰를 진행한다. 마지막으로 리버풀에 거주하는 Vivian과의 참여·관찰을 통해 현지인이 느끼는 리버풀의 도시재생 상황에 대해 알아보고, 부산의 도시개발 및 도시재생에 있어서 주민들의 삶의 질과 만족도를 높일 수 있는 방안을 마련한다.

1) 문헌 조사

본 연구의 현지 조사를 진행하기에 앞서, 리버풀의 앨버트 독과 항만 재생사업인 머지사이드 구조계획에 대한 문헌 조사를 한다. 리버풀의 도시재생의 큰 범주 안에서 리버풀의 역사, 항만 재생사업 진행 과정, 리버풀 도시재생사업의 결과를 조사한다. 먼저 부산의 도시재생 현황을 파악하고자 한다. 부산에서 진행한 도시재생 사례를 토대로 성공한 사례와 실패한 사례를 나누어 도시개발이 아닌 도시재생 방안을 모색한다. 다음으로 리버풀의 도시재생을 포함하는 영국의 도시재생을 연구한다.

2) 참여 관찰과 비참여 관찰

도시재생의 중요 요인 중 하나는 주민들의 만족도다. 리버풀 주민의 만족도와 삶의 질에 대해 알아보고자 리버풀에 거주하는 사람을 참여 관찰을 진행한다. 또한 국제 문화도시로서 리버풀의 발전 현황을 알아보고자 현지인 Vivian과 동행하여 현지인의 시각에서 리버풀을 바라보고자 한다. 뿐만 아니라 관광객의 입장에서도 리버풀의 도시재생을 검토하고, 부산 도시재생으로 기대될 관광 효과와 주민들의 삶의 질 향상에 대해 연구하고자 한다.

3) 인터뷰

문헌 조사에서 부족했던 리버풀 도시재생의 정책적 함의를 모색하고자 김정후 교수님과의 인터뷰를 진행한다. 리버풀 도시재생에 관한 칼럼을 작성하셨기에 리버풀로 이동하기 전 리버풀의 도시재생에 관해 자문을 얻고자 한다. 전체적으로 현재 부산이 도시개발이 아닌 도시재생을 취해야 하는가에 대해 조언을 얻고, 부산의 지속 가능한 발전 방안에 대해 모색하고자 한다.

III. 영국의 도시 정책과 리버풀의 항만재생 사례-앨버트 독

1. 리버풀의 역사

1801년 리버풀의 인구는 약 77,000명이었으며 1821년에는 118,000 명까지 증가했고, 1851년에는 376,000명에 이르렀다. 19세기 초 수많은 아일랜드 이민자들이 리버풀로 이주하여 1840년대 감자 기근 동안 정점을 찍었다. 리버풀 항구는 1800년대에 호황을 맞았고 이 시기에 새로운 부두들이 많이 지어졌다. 19세기 중반까지 리버풀은 영국에서 런던에 버금가는 두 번째 도시였다. 리버풀 시와 항구는 머지않아 세계적인 무역 항구 도시로 거듭났다. 이는 곧 리버풀이 영국의 부두 건설과 항만 관리와 관련된 기술을 주도하는 결과를 낳았다.

또한 리버풀은 1807년 노예무역이 폐지되기 전까지 노예무역의 중심지이자 세계 인구 이동의 중심지이기도 했다. 실제로 리버풀에 가보면 그 역사를 고스란히 담아낸 노예박물관이나, 타이타닉 출항지, 해양박물관, 그리고 이민자들의 역사를 반영하는 세계 각국의 음식점 등이 있다.

1880년에 리버풀은 공식적으로 하나의 도시가 되었고, 1881년까지 인구는 611,000명에 이르게 된다. 1895년 리버풀의 경계는 Wavertree, Walton, Toxteth의 일부, 그리고 West Derby까지 확장된다. 1901년 리버풀의 인구는 685,000명에 이르렀고 1904년 리버풀의 경계는 또 다시 Fazakerly를 포함할 만큼 확장되었다. 20세기 초에는 수많은 빌딩과 갤러리들이 들어서게 된다. 그러나 세계 1차 대전을 치르면서 13,000명이 넘는 리버풀 사람들이 사망했다. 1928년에 진행된 설문 조사에 따르면 리버풀 인구의 14%가 빈곤에 시달렸는데 매우 심각한 수준이었다. 게다가 당시 리버풀은 주택 부족에 시달렸다. 인구 과밀 문제는 빈민 주택가(슬럼)를 낳았다. 의회에서 임대 주택을 건설했지만 문제를 해결하지는 못했다. 게다가 리버풀은 1930년대까지 심각한 수준의 경기 침체를 겪었고 이는 곧 생산가능인구의 3분의 1이 실직하는 결과를 초래했다.

세계 2차 대전 동안 리버풀은 중요한 항구였던 만큼 적들의 표적이 되었다. 그 결과 머지사이드에서 3,875명이 사망하고 10,000채가 넘는 집들이 파괴되었다. 종전 이후 리버풀 의회는 파괴된 주택들을 재건하는 문제에 직면했다. 다른 도시들과 마찬가지로 리버풀은 1950~60년대 중심 지역을 재개발하고 많은 수의 임대 주택과 아파트를 건설했다. 복잡한 도심에서 외곽으로의 인구 이주를 위한 마을들이 Kirkby와 Skelmersdale 근처에 세워졌다. 이처럼 1974년 리버풀의 경계가 변화하면서 머지사이드(Merseyside)라 불리는 행정 구역 일부분이 되었다.

20세기 말 리버풀에는 공학 산업, 시멘트 제조업, 설탕 정제산업, 제분 산업 등이 성행했다. 하지만 영국 내 여러 지역이 불황을 겪으면서 리버풀 역시 1970~80년대에 다시 침체되어 실업률이 높은 지역이 되었다. 이러한 정황들은 1981년 Toxteth 폭동이라는 사회 문제로 귀결되었다. 그런데도 리버풀이 위치한 북서지역은 북미와의 무역에 굉장히 중요한 항구였기 때문에 리버풀은 아주 중요한 항구의 역할을 이어갈 수 있었다. 1980년대 앨버트 독이 재개발되면서 문화유산을 활용해 관광업을 시작했다. 머지사이드 해양 박물관(Merseyside Maritime Museum)은 1980년에 개관했고 테이트 미술관(The Tate Gallery of Modern Art)은 1988년에 개관했다. 그 외에도 여러 박물관, 광장, 센터 등이 설립되었다.

2. 영국 도시정책의 변화

1) 1980년대

1980년 이전, 수십 년간 민간과 공공부문의 적절한 역할과 시장과 국가 간의 관계에 대한 논쟁이 대두됐다. 이 논쟁은 정부가 실제로 문제 일부이며 해답은 규제 완화를 통해 시장을 자유롭게 하는 것이라는 점의 논거가 되었다. 이런 새롭고 독특한 접근이 마가렛 대처의 보수당에 의해 고안되었다. 이 시기에 도시사업의 공공부문 투자가 민간 부문을 강화하는 방식에 따라 증가했다. 그 첫 번째 방식은 도시 개발 조합(Urban Development Corportaions, 이하 UDC로 칭함)을 설립하는 것이었다. UDC는 두 곳에 설립되었는데 첫 번째는 런던 도크랜드 개발 조합이었고, 두 번째가 머지사이드 개발 조합이었다. 후에 이 사업은 총 13개의 UDC를 포괄할 만큼 확장된다. 두 번째 방식은 1981년에 고안된 것으로 기업 유치 지구(Enterprise Zone, 이하 EZ로 칭함)의 설립이었다. 1981년에 총 11곳의 EZ가 지정되고, 1984년에는 14곳의 EZ가 지정되었다.

UDC와 EZ는 국한된 지역 내에서만 작용했으며 도심지역에 영향을 주는 문제들을 해결할 수는 없었다. 이에 따라 또 다른 계획이 고안되었는데 그것이 바로 도시 개발 보조금(Urban Development Grant, 이하 UDG)이다. UDG는 도심지 기업 설립과 함께 진행되었다. 이 두 계획은 그 동안 주의하지 못했거나 큰 위험 부담이 있었던 기회들을 발굴해 내는데 도움을 주었다. 그러나 1980년대 말 도시 재생 정책을 둘러싼 주요한 문제들이 발생했는데 이 문제는 아래와 같이 5가지로 요약될 수 있다.

(1) 도시 문제에 대한 정의와 대응 규모
(2) 정책 분열과 합동 부족
(3) 장기적인 전략 접근이 결여됨
(4) 자본이 선도하는 도시 재생(property-led regeneration)에 지나친 의존
(5) 통치·관리통제주의와 관료주의와 같은 문제

전반적으로 1979년부터 1991년까지는 사회 복지 계획에서 민간 영역과 자본으로 초점이 바뀌었다. 지나친 정부의 개입이 초기 대처 정부에서 발견된 문제였다면 정부에서의 개인 및 집단 성향, 그리고 시장 자유에 대한 규제 등은 영리, 자산 그리고 시장의 경향이 강했다.

2) 1990년대

1990년대 초에는 정책에 변화가 생겼다. 기존에 유지되어 온 요소들과 함께 그 시기를 특징지었던 자본이 선도하는 재생에 불만이 계속해서 쌓여오고 있었다. 게다가 도시 재생을 진행했지만 이렇다 할 이익을 보지 못한 공동체나, 사회적으로 배제된 공동체들에 대한 사회적 우려가 커지고 있었다. 정부가 마주한 핵심 쟁점은 영역 기

반 계획들이 일관성이 부족하다는 것과 1980년대의 도시 정책에 포함된 거버넌스의 레벨을 다루는 것, 그리고 도시 재생으로 인해 혜택받은 소외된 지역 사회들을 어떻게 보장할지에 대한 것이었다.

상당한 정책적 변화는 다중 부채꼴의 협력과 경쟁적 가격 제시의 등장과 함께 1990년대에 일어났다. 이전의 정책들은 부동산 부활에 기반한 공공 부문-민간 2방향 협력으로 특징지어졌고, 중앙정부와 투자의 낙수효과[1]에 의해 통제되었다. 대신에 이 기간에 생겨나던 정책들은 공공 부문, 민간, 지역 사회와 자발적 부문 간 3방향 다중 부채꼴 협력이었다. 이러한 새로운 변화들은 도시 재생에 드는 돈을 위한 경쟁적 가격 제시였던 자원 배분의 새로운 접근에 뒤이어 일어났다. 인근에서 일어나는 사회적 경제적 박탈의 규모에 따라 측정된 필요의 입증에 근거하여 재정을 분배하기보다, 새로운 재정 지원 메커니즘은 경쟁적 가격 제시 과정을 바탕으로 재정을 분배하기 위해 변화하였다. 중앙 정부를 위한 재정은 단순히 요구를 완화하기 위해서라기보다는 경매 입찰의 질과 불우한 지역 내의 개혁 유도를 겨냥한 경제적 기회들에 따라 분포되었다.

3) 1997년~2000년대

노동당 정부가 집권하면서 1997년은 영국의 도시 정책에 있어 전환기가 되었다. 이 시기의 도시 정책은 주로 두 가지로 나뉘는데, 첫 번째는 사회적 배제와 도시 문제가 발생함에 따라 인근지역과 하우징 산업이 주가 되는 공동체의 재생에 초점을 맞추는 정책이다. 두 번째

---

1) 사회의 최 부유층이 더 부유해지면, 더 많은 일자리 창출 등을 통해, 그 부가 서민들이나 그 아래층들에로도 확산된다고 보는 이론

는 쇠퇴하는 지역·도심, 그리고 이전에 산업과 상업이 지역 경제의 주가 되었던 지역들을 재생하는 정책이다. 노동당 정부가 고안해낸 새로운 접근법은 바로 '도시 르네상스'라는 맥락 속에서 경제적·사회적 차원 간 상호관계에 초점을 두는 것이었다. 이 접근법은 더욱 일관성 있는 방법으로 도시 문제를 해결하기 위한 것이었으며 사회적 배제가 도시 정책의 중심이 되지 않도록 방지하기 위한 것이었다.

노동당의 도시정책에 있어 핵심 요소는 아래와 같이 요약된다.

(1) 국가 도시 재생기구(English Partnerships): English Partnerships은 1993년도에 설립되었다. 국가적 도시 재생 기구인 EP는 물리적 개발과 재생에 집중한다. EP의 주 역할은 개발 협력을 체결해 나가면서 토지 재개발을 통해 환경을 강화시키고, 전략적 위치의 자산과 토지 자산의 개발에 집중하는 것이다.

(2) 지역 개발 에이전시(Regional Development Agencies): RDA는 일자리 창출, 토지 반환, 신생기업 지원과 그 지역의 주로 궁핍한 지역에 투자하는 것을 목표로 1999년도 노동당이 고안해낸 새로운 매커니즘이다. RDA는 당시 스스로를 주택과 지속가능한 지역사회에 집중하도록 맞춘 EP의 일을 이어받았다.

(3) 도시 재생 회사(Urban Regeneration Companies): '도시 르네상스'의 목표와 목적을 전달하기 위해 수립되었던 다른 계획들이 많다. UTF(1999)는 도시 재생 회사들(URCs)을 효율적인 협력을 통한 지속가능한 재생의 수단으로 세우는 것을 제안했다. 도시 재생 회사들은 민간 부문이 이끄는 기관들이며, 그들은 특정한 해상 표류중인 지역들에서 투자와 개발을 조정하는 것을 목표로 한다.

3. 리버풀의 항만재생사례-앨버트 독

앨버트 독(The Albert Dock)은 1846년 리버풀의 항만에 있는 기념비적 건축물이다. 앨버트 독은 최초로 폐쇄적 도킹 시스템을 도입했다. 사면을 창고 라인으로 폐쇄한 부두로 상품들을 창고에서 곧바로 배에 선적할 수 있으며 선적 과정에서 상품 파손 위험을 줄이고 상품을 도둑맞거나 하는 위험을 줄일 수 있다는 이점을 지니고 있다. 따라서 면, 차, 실크, 설탕 등과 같은 귀중품들을 보관하는 데 유용했다. 그러나 이 앨버트 독이 리버풀의 선박 시스템 개혁에 있어 랜드마크로 자리를 잡았음에도 불구하고, 완성된 지 20년 후부터 어려움에 직면하게 되었다. 이유인즉슨, 앨버트 독은 범선에 맞게 건설되었는데, 증기선이 발전함에 따라 앨버트 독이 범선보다 큰 증기선을 수용하기에 부적합했기 때문이다. 그 결과 20세기 초까지 앨버트 독은 리버풀 선박 항구의 7% 정도만 수용하게 된다. 또 다른 문제점은 큰 선박들의 진입을 방해하는 작은 입구였다. 1940년대 앨버트 독은 바다 면적의 14%가 파괴되었고, 세계 2차 대전의 여파로 앨버트 독의 오너가 재정적 부담을 떠안았다. 동시에 해양 기술의 변화로 도킹 시스템이 쇠락하면서 앨버트 독 역시 하락세를 걷게 되었다.

1960년대 초에 앨버트 독을 철거하고 부지를 재개발하자는 제안이 빗발치게 된다. 하지만 다행히도 1970년대에 철거 계획이 무산되고 1972년까지 앨버트 독은 빈 부지로 남게 된다. 이후 앨버트 독을 재생하려는 시도가 빈번했지만, 의회가 손쓸 수가 없어 대부분 실패로 돌아갔다. 그러던 중에 1981년 앨버트 독 재생에 박차를 가하는 일이 발생하는데, 그것은 바로 MDC(Merseyside Development Corporation)의 설립이다. 공적 자금을 리버풀 남부두의 물리적 재생에 투자하면 민간 투자자들을 이끌기 쉬울 것이라고 생각했던 것이다. 2년의 협상을 마치고 MDC는 앨버트 독의 재생사업을 책임질 앨버트 독 회사를 설립했다.

앨버트 독 재생사업은 저하된 독 시스템을 복원하면서 시작되었다. 1986년에는 머지사이드 해양 박물관이 앨버트 독으로 이전했고, 1998년에는 테이트 리버풀이 개관되었다. 많은 이들이 테이트 리버풀이 앨버트 독에 생기면서 리버풀이 현대 미술의 허브가 되었다고 생각한다. 1998년에 ITV(영국 방송사)가 앨버트 독에 새로운 스튜디오를 설립하고 방송했다. 그로부터 2년 후 2000년에 비틀즈 스토리 박물관이 개관함으로써 앨버트 독의 문화적 요소들이 풍성해졌다. 이에 1990년대에 수많은 호텔, 레스토랑, 회사들이 그곳에 분점을 설립했다. 오늘날 앨버트 독은 북서지역의 관광명소 중 하나가 되었으며 유네스코 세계 문화유산 도시로 선정되었다.

IV. 부산의 도시재생

현재 부산은 인구의 감소와 급속한 노령화에 직면해있다. 설상가상으로 젊은 인구의 유출 현상도 일어나고 있다. 더욱이 1960년대에서 1980년대에 조성된 시가지의 급속한 노후화가 진행되고 있음을 알 수 있다. 이러한 상황들로 비추어보아 부산은 현재 '도시재생'이 필요하다. 따라서 4장에서는 먼저 부산의 도시재생 사례를 소개하고자 한다.

1. 산복도로 르네상스 사업

부산은 도시재생 사업은 크게 '산복도로 르네상스 사업'과 '행복마을 만들기' 두 가지 사업으로 나뉜다. 우선 '산복도로 르네상스 사업'은 부산의 중구, 서구, 동구, 진구, 사하구, 사상구 등 6개 구 54개 동을 대상 지역으로 하고 있다. 사업 기간은 2011년부터 2020년까지 10개년 사업으로 올해 7년 차이다. 이 프로젝트는 부산 도시재생의 성공적 사례로 언급되는 사업이다. 53명에 달하는 마을 계획가와 활동가들이 이들 지역에서 잊혔던 이야기를 재발견하고, 쓸데없는 공간들을 공동체 공간으로 재창조하였다.

이 도시재생 사업의 주요 성과는 첫 번째로 주거생활 환경의 개선이다. 핸드레일 및 계단도로 정비 그리고 보도설치 등으로 깨끗하고 걷기 좋은 산복도로를 조성하였다. 8곳 486m의 도로가 새로 만들어졌고, 총 9.28km의 보도가 정비되었다. 생활 경관조명으로 밤길이 전보다 안전해졌으며 폐공간과 유휴지를 쉼터와 소공원 그리고 체육시설 등으로 바꾸어 주민들의 편의시설을 확대하였다. 358면의 공영주차장도 들어섰다. 그리고 정감 있는 조형물과 타일 벽화로 옹벽이 꾸며졌다.

두 번째로 마을공동체의 회복이다. 협동조합이나 사회적 기업, 주식회사 등을 만들어 일자리를 창출하여 마을 경제 자립의 기반이 마련되었다. 마을 카페와 공동 작업장에서 마을 신문을 만들거나 구술기록집을 발간하는 등 공동체 활동도 증가하였다. 그리고 텃밭음악회, 마을합창단, 상자 텃밭 운영 등으로 지역이 활력을 되찾았음을 확인할 수 있다.

세 번째로 문화 및 관광 인프라 구축이다. 동구 초량동의 이바구

공작소와 김민부 전망대, 중구 대청동 4가에 위치한 금수현의 음악 살롱, 서구 아미동 4가의 최민식 갤러리 등 8곳의 스토리텔링형 공간이 마련되면서 이야기가 있는 산복도로 조성에 성공하였다. 산복도로 관광버스도 운영되며 산복도로 조망 9경도 확인할 수 있다.

네 번째로 골목 경제 활성화 및 주민 삶의 질이 향상되었다. 이 프로젝트로 인해 빈 점포들이 감소하고 창업이 증가하면서 골목상권이 회복되었다. 그리고 취약계층을 대상으로 한 집수리 사업과 찾아가는 원스톱 의료지원 서비스 등 찾아가는 산복도로 주민 지원 서비스로 지역 주민의 삶의 질이 높아졌음을 확인할 수 있다.

다섯 번째로 부산형 도시재생 모델 정착이다. 마을 경관을 활용한 아시아 대표 문화예술 마을이 된 감천문화마을, 건축물과 인물 테마의 골목길 재생 성공사례인 초량 이바구길, 그리고 안전마을이자 공동체 활성화의 모범사례인 아미동 비석문화 마을 등이 산복도로 르네상스 프로젝트로 인해 정착한 부산형 도시재생 모델들이다.

산복도로 르네상스 프로젝트는 이 같은 성과로 각종 부문에서 수상하게 되었으며 벤치마킹의 모델이 되었다. 2013년 대한민국 지역희망박람회 지역발전대상, 민관협력 우수사례 공모대회 대상, 지역공동체 활성화 발표대회 최우수상, 도시재생 대학 통합발표회 대상 및 우수상 등을 수상했다. 또한 우간다, 탄자니아와 같은 아프리카 국가들, 일본, 중국, 인도네시아, 스리랑카를 포함한 아시아권 국가들, 유럽의 네덜란드, 독일 등 각국의 고위 공무원들과 대학 및 기업 관계자들이 벤치마킹하기도 하였다.

부산시는 이 프로젝트를 진행하면서 대형 개발 위주의 재건축·재개발 방식과는 달리, 주민이 주도해 마을 원형을 살리고 삶의 질 향상을 위해 다양한 사업을 시도하는 원칙을 강조하였다. 이 같은 원칙을 내세우며 차별화된 재생사업을 벌이는 노력을 기울인 결과 낙후한 산복도로는 산뜻하게 변화하는 데 성공하였다.

그러나 산복도로 르네상스 프로젝트에 제기되는 한계도 있다. 주민공동체의 자생력을 기르기 위해 마을기업이나 행복마을 사업 등이 함께 열리는데, 상당수의 기반이 허약하여 정부나 지자체의 지원이 끊기면 오래 버티지 못할 것이란 비관적 전망이 있다.

2. 행복마을 만들기 사업

부산 도시재생 사업의 두 번째 모델은 행복마을 만들기 사업이다. 행복마을 만들기 사업은 마을 공동체 복원을 통한 통합형 도시재생 사업이다. 주로 공간기반조성, 주민역량 강화, 마을 경제력 증대가 사업의 주요 목표이다.

행복마을 만들기 사업은 주거 환경(생활환경) 개선, 교육 환경 개선, 문화 환경 개선, 복지 환경 개선 등 4개 분야로 추진된다. 주거 환경(생활환경) 개선 분야는 불량 주택 개조 및 보수, 골목길 정비, 주민 쉼터 조성, 공동 주차장 설치, 역사 문화 벽화 조성 등의 사업이 추진된다. 교육 환경 개선 분야는 북 카페 설치 운영, 학교의 지역 사회 센터화, 방과 후 공부방 운영, 어린이 영어 교실 운영, 어린이 영어 교실 운영, 학습 멘토링제 운영 등의 사업이 추진된다. 문화 환경 개선 분야는 지역 문화 공간 조성, 폐가 및 공가를 활용한 예술 공간 조성, 미술 공동체 교육 프로그램 운영 등의 사업이 추진된다. 복지 환경 개선 분야는 복지 공간 조성, 노인 건강 교실 운영, 노인 일자리, 주민 공동체 등에 관한 사업이 추진된다.

부산의 도시재생 사업은 주로 마을 공동체 위주의 도시재생으로 진행되고 있으며, 거주민 생활환경 개선에 국한되어 있음을 알 수 있다. 또한 마을 위주의 도시재생은 부산의 항만도시라는 독특한 성격을 확립하는데 부족함이 있다. 이어서 부산의 항만도시 재생사업과 추진 방향 및 문제점에 대해 언급하고자 한다.

3. 부산의 항만도시 재생사업-북항 재개발

바다와 항만을 가진 도시에서는 항만을 새롭게 개선하는 항만재개발과 리모델링으로 도시재생사업을 진행하고 있다. 외국의 경우 다양한 항만재개발 사업이 진행되고 있는데 국내의 경우 부산의 북항 재개발 사업이 대표적인 사례이다. 부산의 항만 도시재생사업은 부산의 도시재생사업으로 언급되면서도 예산문제와 주민 참여 등의 문제점을 가지고 있다. 특히 부산시가 북항 재개발과 관련해 2015년도 중점추진사업으로 제시한 충장로 지하차도 건설사업과 부산역-재개발지간 보행테크 설치 등은 추후 예산 확보에 대해 협의하기로 했을 뿐 구체적인 예산 마련 방안이 아직 논의 되지 않았다. 또한 부산이 가지고 있는 정체성에 대한 고민과 더불어 도시를 구성하는 시민들이 북항 재개발 사업에 대하여 어떻게 인지하고 있느냐에 대해 논의가 이루어지지 않았기 때문에 공동의 논의, 즉 주민참여에 대한 논의가 필요하다. 주민들은 행정에 대해 주민들의 의견을 제시해야 하며 조화와 균형을 모색하는 주민합의 도출이 필요하다. 그리고 지속 가능한 도시재생을 구현하기 위해서는 항만 도시재생사업이 맹목적으로 '첨단'만 추구하는 개발이 아닌 기존의 역사와 문화를 충분히 소화하는 '항만재생 작업'이 필요하다.

V. 현지 조사

현지 조사는 연구 계획서의 연구 목적에 따라 크게 탐방 조사, 인터뷰, 참여 관찰 및 비참여 관찰 세 가지 방식으로 진행되었다. 우선 앨버트 독의 테이트 리버풀, 비틀즈 스토리, 해양박물관, 노예박물관을 방문하여 버려진 부지의 관광지로의 변화와 기타 산업에 미친 긍정적 효과를 조사하는 것이 현지 조사의 목표였다. 앨버트 독은 문헌 조사와 달리 4개의 기관이 매우 밀집된 형태였다. 버려진 항만물류창고를 이용한 4개의 기관에 상당히 많은 관광객이 방문해, 관광지로의 변화를 성공적으로 이뤄낸 사례라고 볼 수 있다. 아래의 <표 1>은 GVA(총부가가치)를 나타내는 것으로, 리버풀이 1997년부터 2014년까지 102.9%의 성장했음을 보여준다. 이는 1998년 테이트리버풀의 유치, 2000년 비틀즈 스토리의 박물관 개장 그리고 기타 서비스 산업과 더불어 상승한 효과라고 볼 수 있다.

<표 1> GVA 변화율 (1997~2014)

Indicator	Liverpool
Gross Value Added 2014 (£m)	£10,451m
Gross Value Added 2013	£10,107m
% change 2013-14	*3.4%*
Gross Value Added 2009	£10,533m
% change 2009-2014	*-0.8%*
Gross Value Added 1997	£5,152m
% change 1997-2014	*102.9%*

또한 리버풀은 앨버트 독의 항만 도시재생을 통해 테이트 리버풀, 비틀즈 스토리와 같은 문화 도시 기반을 구축하고 꾸준히 문화 도시로서 지속적으로 노력하여 문화 관광도시로 거듭났다. 아래의 <표 2>는 리버풀의 관광객 증가 자료이다. 표에서도 알 수 있듯이 2012년부터 2014년의 관광객 증가를 살펴보았을 때 리버풀을 방문하는 관광객은 꾸준히 증가하는 것을 알 수 있다. 따라서 앨버트 독의 재생 사례는 버려진 물류창고를 관광지로써 변화시켰다는 문헌 조사와 일치한다.

<표 2> 관광객의 증가 자료

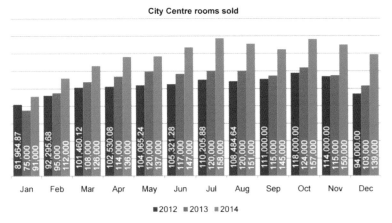

Source: STR Global / Tourist board room stock data

특히나 흥미로운 점은 유료·무료 관광지에 대한 관광객 수가 크게 차이가 나지 않는다는 것이다. 아래의 표를 보면 리버풀에 소재한 관광지들이 상위에 올라가 있다. 실제로 평일에 리버풀을 방문하였을 때 앨버트 독의 테이트미술관, 해양박물관, 비틀즈 스토리 등에 많은 관광객이 방문하는 모습을 관찰했으며 주변 상권인 식당도 관광객들로 붐볐다. 아래의 <표 3>은 2014년 기준 유료 명소 관광객 수를 나타내는 표이다.

<표 3> 유료 명소 관광객 수

Top "paid" attractions

	Attraction	Type	District	Attendance 2014
1	Mersey Ferries	Other	Liverpool &Wirral	611,028
2	Echo Arena Liverpool	Entertainment	Liverpool	521,234
3	Knowsley Safari Park	Nature / wildlife / zoo	Knowsley	503,678
4	Beatles Story	Museum / gallery	Liverpool	249,734
5	Aintree Racecourse	Sporting venue	Liverpool	203,042
6	Liverpool Football Club Museum & Tour	Museum	Liverpool	185,466
7	Liverpool Philharmonic	Entertainment	Liverpool	178,715
8	Floral Pavilion	Entertainment	Wirral	177,500
9	Haydock Park Racecourse	Sporting venue	St Helens	170,717
10	Ness Botanic Gardens	Gardens	Wirral	101,701$
11	World of Glass	Visitor Centre	St Helens	60,891
12	Spaceport	Other	Wirral	48,910
13	Norton Priory	Historic Property	Halton	34,242!
14	Port Sunlight Museum	Museum / gallery	Wirral	32,980!
15	U-Boat Story	Museum	Wirral	25,916

다음으로 도시재생의 중요 요인 중 하나인 주민들의 만족도 조사를 목적으로 리버풀에 거주하는 이주민 2세 현지인과의 참여 관찰 및 비참여 관찰을 진행했다. 국제 문화도시로서의 리버풀의 발전 현황을 현지인의 시각에서 바라보고, 관광객의 입장에서도 리버풀의 도시재생을 바라볼 수 있었다. 이를 통해 부산의 도시재생에 있어서 외부적으로 도시의 관광 효과를 연구하고, 내부적으로 도시재생을 통한 주민들의 삶의 질 향상에 대해 연구하고자 했다.

리버풀에 거주하는 이주민 2세의 견해를 통해 리버풀의 라임 스트릿 근처에 다양한 국가의 음식점이 존재하고 리버풀이 비록 작은 도시임에도 많은 관광객이 방문하는 국제적인 도시임을 알 수 있다.

내부적으로 도시재생을 통해 주민들의 삶의 질 향상에 대해서는 참여 관찰자의 연령이 많지 않아 과거의 리버풀과 현재의 삶의 질을 비교할 수는 없었다. 하지만 리버풀에서 다른 국적의 유학생들과의 교류를 통해 참여 관찰자가 느낀 바에 의하면, 리버풀의 국제적인 관광도시의 역할은 문헌 조사와 연구 계획서의 내용과 일치했다.

마지막으로 문헌 조사에서 부족했던 리버풀 도시재생의 정책적 함의를 모색하고자 김정후 교수님과의 인터뷰를 진행했다. 인터뷰 내용은 주민들의 도시재생 정책에 대한 합의 도출 과정, 문화 기반의 도시재생의 지속가능성, 항만 도시재생을 통한 주변 산업의 활성화 위주로 진행되었다. 주민들의 도시재생 정책에 대한 합의 도출 과정은 크게 민주주의가 높은 도시에서의 정책적 합의 도출과 반대로 도시재생을 충실히 시행함으로써 민주주의 의식을 끌어올린 경우의 두 가지로 나누어진다. 리버풀은 기본적으로 교육열이 낮고 범죄율이 높고 사회 구성원 대부분이 노동자다. 그런데도 도시재생에 성공했다는 것은 주민들과 도시정책에 있어서 수많은 충돌 과정을 극복했다고 생각할 수 있다. 주민과의 합의 도출에 문제가 발생했을 때 정부와 주민 간의 중재자 역할을 할 수 있는 제도적 정비도 구축되어야 한다.

리버풀의 도시재생의 산업 활성화는 1998년부터 나타났다. 리버풀의 항만 도시재생은 약 10년 만에 성과를 보여주었다. 주민의 약 60%가 항만 노동자였음에도 불구하고 제조업 도시가 아닌 전형적인 도시로서의 모습을 갖추고 있다. 이를 통해 산업 변화에서도 유동적인 변화가 있었음을 알 수 있다. 리버풀은 앨버트 독의 문화 기반 구축을 통해 문화 도시로의 성장을 시도하였고 이후 다양한 산업 지표에서 성장과 변화를 보였다. 이 사업으로 인해 리버풀의 직무변화율은 1998년부터 2014년까지 13.5% 증가했다. 이는 실직률 감소에도 일조했다. 아래의 <표 4>는 리버풀의 직무변화율을 나타낸다.

<표 4> 직무의 변화율

Table 2-3: Employee Jobs, 1998-2014

	1998	2007	2009	2013	2014	1998 - 2014 % Change	2009- 2014 % Change	2013 - 2014	
								Change	% Change
Liverpool	203,400	228,100	228,600	227,400	230,800	13.5%	1.0%	3,400	1.5%

VI. 나가며

본 연구는 리버풀의 버려진 항만을 활용한 도시재생 사례를 연구하여 부산의 버려진 부지 활용방안과 해양도시 정체성 확립 가능성에 대해 검토하였다. 본 연구에서 얻은 결론은 다음과 같다.

우선 본론에서 언급했듯이 리버풀의 항만 도시재생 사례는 머지사이드 구조계획에 따라 버려진 항만물류창고인 앨버트 독을 재생하며 세계적인 문화도시로 거듭났다. 리버풀의 도시재생이 다른 도시들의 도시재생과 큰 차이가 있다면 자본 위주의 새로운 건물 구축을 통한 도시재생이 아닌 기존에 있던 부지를 활용했다는 점이다. 리버풀 도시재생은 앨버트 독 내에 버려진 부지에 테이트리버풀, 비틀즈 스토리, 해양박물관, 노예박물관을 한곳으로 모아 관광 집적효과를 일으켰다. 김정후 교수님과의 인터뷰에 따르면 버려진 부지를 활용하는 도시재생은 자본 위주의 도시재생보다 적은 비용이 사용되며 기존에 인기가 적은 박물관을 버려진 부지에 재건했음을 알 수 있다고 한다. 즉, 버려진 부지 활용은 경제적인 부분에서도 효율적이며 저비용으로 관광도시로서의 발전할 가능성을 가져다준다. 부산의 항만 도시재생 사업과 더불어 맹목적인 첨단 위주의 항만 도시재생이 아닌 버려진 부지를 활용하여 항만 도시재생을 추진한다면 북항 재개발과 같은 예산 문제를 해결할 수 있을 것으로 본다.

둘째, 리버풀의 앨버트 독은 항만 안에 해양박물관과 노예박물관을 지어 해양도시의 정체성을 확립했다. 과거 리버풀은 세계적인 무역 도시로서 항만이 활발하게 사용되었지만 범선의 규모 변화와 산업 구조의 변화에 따라 쇠퇴하게 되었다. 하지만 기존의 해양박물관을 항만 근처인 앨버트 독에 배치하면서 타이타닉과 같은 리버풀의 해양 역사와 세계적인 노예시장의 불명예를 활용하여 항만 도시로의 정체성을 확립했다. 리버풀의 항만도시 재생은 많은 관광객을 유치하고 항만 도시로서의 리버풀의 정체성을 유지하는 기반이 되었다. 부산의 북항과 같이 항만 근처 버려진 부지에 기존의 박물관 등을 유치한다면 항만 도시라는 정체성 확립에 긍정적 효과를 가져다 줄 것이며 관광지로서의 경제적 효과도 얻을 수 있을 것이다. 또한 리버풀과 같은 항만 도시 정체성 확립은 부산의 고유한 특색을 살릴 것이다.

다음으로 1998년 테이트 리버풀이 리버풀을 현대 미술의 허브로 자리 잡도록 했다. 또한 2000년 비틀즈 스토리 박물관이 개관함으로써 앨버트 독에 문화 요소들이 자리 잡았다. 리버풀의 문화 요소를 통한 관광화는 지속 가능한 도시재생 사업의 일환이다. 문화의 범주에는 역사, 미술, 음악 등 다양한 분야가 포함된다. 리버풀은 과거의 타이타닉 출항지라는 역사를 활용하여 테이트 리버풀을 성공적으로 유치했다. 그리고 비틀즈라는 세계적인 가수를 관광 상품화하면서 세계 문화의 주류가 되고자 한다. 문화는 끊임없이 생성되며 과거의 역사는 항상 존재한다. 따라서 문화를 도시재생의 일환으로 활용한다면 지속 가능한 도시재생을 이루어낼 것이다.

　마지막으로 리버풀의 도시재생 연구는 주민들의 합의를 도출 방법을 연구한다는 의미를 가진다. 부산도 리버풀과 같이 다양한 도시재생 사업을 추진하고 있으나 감천문화마을과 같이 거주민들의 삶의 질과 관련해서 많은 반대를 직면하고 있다. 앞서 언급했듯이 주민들의 항만 도시재생 사업에 대한 인식이 불명확하다. 리버풀은 앨버트 독 회사 설립과 함께 현지 조사 인터뷰 내용과 같이 지역 회사에 사업권을 우선으로 배분하고 주민들의 합의해 나가며 민주적인 도시로 거듭났다. 부산의 도시재생 사업도 부산 시민들의 의견을 반영한 자체적인 회사설립의 필요성과 지역 기업에 우선권을 배부하며 관광객들을 유치하기 위한 도시재생이 아닌 거주민들을 입장에서 도시재생을 이루어낸다면 더욱 성공적인 도시재생을 이룰 수 있을 것이다.

　따라서 본 연구에서 리버풀은 자본 중심적 투자로 진행된 재개발이 아닌 도시 재생 기구를 지역 곳곳에 설치함으로써 지역 기업과 지역 주민들이 직접 참여하는 도시 재생을 이룩했음을 알 수 있었다. 그 결과 버려진 곳을 활용해 저비용으로 유네스코 세계 문화 도시로 선정되었고 이는 부산에 항만 도시재생에 새로운 방향을 제시한다는 점에서 큰 의미를 가진다. 더 나아가 지속 가능성을 향상하기 위해 앨버트 독에 비틀즈 스토리, 해양 박물관, 노예 박물관 등 도시 고유의 문화를 그대로 옮겨놓기도 했다. 그뿐만 아니라 테이트 리버풀이라는 현대 미술관을 설립하면서 세계 문화도시로 거듭난 성공사례는 지속 가능한 도시재생에 있어서 도시 정체성과 도시 고유 문화 발현의 중요성을 의미한다.

┌─ **＜여행소감 한 마디＞** ──────────────────┐

　알버트 도크는 버려진 항만물류창고를 활용하여 테이트리버풀 미술관, 비틀즈 박물관인 비틀즈 스토리를 유치시키며 미술과 음악이라는 문화를 구현하였다. 해양박물관은 자연사박물관이 아닌 타이타닉 출항지라는 리버풀의 해양역사를 풀어내고 있으며 타이타닉과 리버풀에 관련된 공연을 오늘의 행사로 지정해서 매일 다른 이벤트를 제공한다. 이뿐만 아니라 노예박물관이라는 불명예스러운 과거를 이용해 많은 관광객을 유치한다. 알버트 도크 현지조사를 통해 느낀 점이 있다면 다양한 박물관과 미술관을 새로운 건물을 구축하여 유치시킨 것이 아닌 버려진 장소에 기존에 있던 박물관을 옮겨와 관광지로서 탈바꿈시키고 해양문화도시 리버풀이라는 정체성을 확립했다는 점이다.(김수민-국제지역학부)

└───────────────────────────────┘

6장 함부르크: 하펜시티 프로젝트를 통한 항만재개발 성공 사례

2016년 동계 글로벌 챌린지: 독일

팀명: 함부르크 애틋하게

팀원: 박우상(국제지역학부, 4학년)

이선해(국제지역학부, 4학년)

최민제(국제지역학부, 4학년)

김미혜(국제지역학부, 4학년)

Ⅰ. 들어가며

1) 세계 최대 수준의 항만도시인 함부르크

2014년 함부르크의 해상 운송 동향을 살펴보면 총 물동량은 역대 최대인 145.7백만 톤으로 전년도보다 약 4.8% 증가하였다. 2009년 독일 해운업계 침체와 함께 물동량 또한 110백만 톤으로 대폭 감소한 바 있으나 2013년 최대 호황기였던 2007~2008년도 수준으로 회복하였고 2014년 역대 최대 규모를 갱신하였다. 석유 및 정유 제품의 대부분이 함부르크 및 북해 연안 항구를 통해 수입되고 수입 규모는 약 55백만 톤으로 독일 전체 수급량의 절반 이상이다.

함부르크의 인구는 1,800,000명 정도이다. 이 중 외국인은 256,465명을 차지하며 높은 비율을 보인다(2014년 말 기준). 또한 수도 베를린 (350만 명)에 이어 독일 제2의 도시이고, 국내 잘 알려진 프랑크

푸르트보다 약 3배 정도 큰 국제도시이다. 유럽 제2의 항구도시로 선주가 많이 거주하며 뮌헨과 함께 독일 내 부촌 도시의 대명사이기도 하다. 면적은 약 755㎢로 브레멘에 이어 가장 작은 주 중에 하나이지만 함부르크의 GDP는 54,600유로로 독일 전체 GDP의 3.6%를 점유하며 독일 내에서 가장 부자들이 많은 도시로 유명하다. 또한 독일 주요 500대 기업 중 10%가 함부르크에 소재하고 있을 정도로 경제 부문에서도 중심 지역이다.

독일의 함부르크 항은 브레멘, 로스톡, 런던, 르하브르, 로테르담 등 유럽의 주요 항만과 함께 세계적으로 잘 알려졌으며, 총면적 7,425ha의 거대한 항으로 북유럽뿐만 아니라 동유럽 여러 국가의 환적 항으로 이용되고 있다. 엘베 강 어귀에 위치한 함부르크 항은 이상적인 입지조건, 대단위 하역시설, 경제적이고 다각적인 연계운송 체계, 물류 운송 센터로서의 높은 시장성 등으로 인해 한국의 한진해운, 현대상선뿐만 아니라 에버그린 등 세계 유수 선사들의 구주지역 본부가 위치하는 유럽 굴지의 중심 항(Hub Port)이다.

2) 도시 재생 프로젝트 하펜시티(Hafen city)

하펜시티 프로젝트는 함부르크의 구도심인 엘베 강변의 옛 항구를 재개발하는 사업으로 도심지 인근의 방치된 항만 지역을 환경 친화적으로 재개발하고, 그 공간을 다시 시민들에게 돌려주는 것을 그 목표로 한다. 더욱이 유럽 최대 규모의 도시 재생 기획인 이 프로젝트는 지방정부와 시민들의 주도와 참여로 진행되고 있다는 점에서 돋보인다. 이 프로젝트는 옛 항구 일대 157헥타르의 항만 유휴지에 주택 약 5500채를 비롯해 사무실과 교육 및 문화시설을 유치하는 것을 내용적 골자로 하며, 4만 개 이상의 일자리를 만들고 도심 면적을 40% 확장하는 경제·사회·문화적 효과를 가져왔다.

하펜시티는 낙후된 항만이 도심에 새로운 활력을 주고 국가 경쟁력을 높여줄 수 있다는 가능성을 가진 공간이기도 하다. 하펜시티는 화물 수송 결절지로서의 화물 하역·보관 및 산업 지원을 위한 공업항 기능을 수행하던 옛 항만의 단순한 역할을 넘어서 단절된 도심과 항만을 연계하고 복합적으로 토지를 이용해 주거와 여가, 문화, 레저, 상업 시설 등이 들어선 새로운 도시를 창조했다.

하펜시티 사업면적은 총면적 157ha에 이르며, 약 6,000개의 주거와 45,000개 이상의 일자리 창출을 목표로 하고 있다. 하펜시티 재생사업에 따른 효과 중 하나는 함부르크시의 경우 중심가 인구의 40%가 분산된 것이다. 약 10.5km의 친수 공간 조성, 약 26ha의 공원, 광장, 보행자도로 확보로 지역 주민 및 시민들의 여가 및 문화 공간 형성에 이바지하고 있다. 2025년까지 단계적 완공을 목표로 하고 있으며 공사구역은 총 18개 구역으로 구획하여 구역별로 5~7년의 공기를 두고 진행하고 있다. 하펜시티 지역은 99%의 토지가 분양된 상태이며, 2011년 3월 현재 49개의 프로젝트가 완공되었고, 35개의 프로젝트가 건설 및 계획 중에 있다.

하펜시티가 재개발된 이유는 항만시설의 노후화와 도심 기능의 쇠퇴, 인접한 곳의 새로운 항구 개발 등 때문이라고 알려져 있다. 일반적으로 옛 항만은 더딘 항만기술 발전 속도와 기존 도심과 항만의 부조화를 바탕으로 슬럼화가 진행된다. 더불어 신흥 항만 도시들(싱가포르와 홍콩, 중국 등)이 첨단 하역 장비, 원스톱 통관시스템, 뛰어난 배후도로망을 갖추어 고속 성장하면서 구 항의 낮은 경쟁력을 초래한다. 쇠퇴한 옛 항만이 이런 문제점을 탈피하기 위해선 산업 및 정보시설, 주거, 쇼핑, 문화, 레저 등 모든 것을 갖춘 복합항만으로 발전해야 한다. 따라서 하펜시티의 재생 프로젝트는 충분히 연구할 가치가 있는 것이다.

3) 연구목적

도시재생 프로젝트 하펜시티에 관한 자료 수집: 최근 부산의 옛 항만을 포함한 여러 지역이 낙후되었다는 이유로 효용 가치를 내지 못하고 있는 경우가 허다하다. 부산시는 이에 적합한 도시 재생 프로젝트를 계획 중에 있지만 아직 별다른 효과를 내지 못하고 있다. 하펜시티는 세계적으로 주목받는 도시재생 프로젝트의 성공사례이며 하펜시티 프로젝트는 부산의 옛 항만과 유사한 환경에서 비롯했다. 따라서 하펜시티를 현지 답사함으로써 이 지역의 효율적 토지이용과 지속 가능성 등을 포함하는 하펜시티 프로젝트의 필수 자료를 수집할 것이다.

함부르크 거주 시민들의 의견 조사: 하펜시티는 세계적으로 주목받고 있는 도시재생 프로젝트이지만 시의 경제적인 부담 및 역사적인 장소를 현대적으로 변모하는 것 등에 대해 현지 거주 시민들이 상반된 의견을 가지고 있을 수도 있다고 예상했다. 따라서 이번 현지 조사를 통해 현지 시민들의 다양한 의견을 묻고 한계점을 예상해 볼 것이다.

부산 구항에의 적용 가능성 탐색: 하펜시티 프로젝트는 함부르크에 새로 자리 잡은 항만과 고속 발달한 항만 시스템에 의해 함부르크의 옛 항만의 효용가치가 낮아지자 이를 복구하기 위해 시작한 도시재생 프로젝트이다. 이는 부산의 양항체제가 현재 직면한 문제점과도 유사성을 가진다. 부산의 양항체제는 좀 더 효율적으로 개선되어야 하며, 옛 항만 또한 좀 더 생산적으로 재개발되어야 한다. 따라서 이 연구를 통해 하펜시티 프로젝트가 부산에 적용될 수 있는지에 대한 가능성을 탐색해볼 것이다.

II. 하펜시티의 개요 및 현황

1. 하펜시티의 개요

한자동맹의 위용을 자랑하는 물의 도시 함부르크는 전통적으로 물을 이용하여 도시를 일구어 왔다. 하지만 현대에 와서 네덜란드의 도시인 로테르담과의 경쟁에서 밀려 항구도시의 지위가 상대적으로 약화되었다. 이에 함부르크 시에서는 도시의 활력을 불어넣기 위해 하펜시티 프로젝트를 진행하게 되었고 2000년부터 본격적인 마스터플랜 계획에 들어갔다. 그리고 2001년 착공을 시작으로 25년간의 긴 공사의 막이 올랐다. 현재 대규모의 항만 개발사업이 진행 중인 하펜시티는 독일의 제1의 항구도시인 함부르크의 도심과 엘베 강 사이에 있다. 땅과 강을 포함하여 북에서 남으로 1km 서에서 동으로 3km, 약 155만㎡의 규모로 이루어진 곳으로 그 규모가 서울 영등포의 절반가량에 불과하지만, 시청과 중앙역, 박물관, 극장 등이 1km 안팎에 있을 정도로 도심의 핵심 지역이다. 도시의 중심부에 있는 입지 조건이 바로 하펜시티가 세계의 유사한 친수 공간 개발사업과 구별되는 점이다. 하펜시티는 과거 창고 건물과 여러 가지 용도로 오랜 역사를 가지고 있는 하펜시티 서쪽의 Speicherstadt 구역부터 엘베 다리가 위치하고 있는 ELBBRÜCKENZENTRUM 지역까지다.

독일의 함부르크시가 야심차게 추진하고 있는 하펜시티 프로젝트는 21세기의 테마인 물과 에너지를 가지고 새로운 도시계획사의 한 획을 긋고 있는 중이다. 2000년에 개발을 시작으로 오는 2025년까지 진행하는 이 프로젝트는 워터프런트와 도시재생을 꾀하고 있기 때문에 이미 여러 분야에서 벤치마케팅을 한 바 있어 상대적으로 널리 알려져 있다.

도심부에서 확장된 부지, 혼합 용도, 높은 도시 계획적인 밀도, 게다가 지하철을 이용한 최상의 근린 교통 때문에 하펜시티는 지속 가능성에 관한 최상의 조건을 내포하고 있다. 경제적, 사회적 그리고 문화적인 면에서 하펜시티의 지속 가능성을 발견할 수 있으며 특히 생태적인 면에서 하펜시티의 지속 가능성은 두각을 나타내고 있다.

하펜시티는 지난 상업지구의 기능을 가진 유휴지의 재개발과 질적이고 집중적인 토지이용을 통한 도시개발을 시도함으로써 생태적으로 지속 가능한 도시개발을 추구하는 모범사례라고 볼 수 있다. 왜냐하면 1980년대까지 대단위 프로젝트를 실행하기 위해 도심 밖으로 토지 확장을 시도했던 것과는 반대로 하펜시티는 상업적으로 쓰였던 부지를 재개발하면서 도시 중심부에서 확장된 건설이기 때문이다. 그래서 20세기 1990년대에 대부분 유휴지였던 옛 항만이 도심으로 편입이 되었다. 그와 동시에 토지의 생태적인 질을 향상할 수 있는 기회가 높아진 것이다. 이에 힘입어 계획상 생태적 옥외 공간인 산책로, 광장, 공원 등의 비율이 약 22ha를 차지한다. 하펜시티는 이처럼 오래 머무르고 싶은 체류성과 자유성으로 개방 공간의 가치를 높이게 되었다.

하펜시티의 전체 마스터플랜은 독일 사람에게 알려진 19세기 도시 구조와 차이성을 갖는다. 또한 각각의 지구 안에서 직접적인 수공간과의 관계 형성과 다양한 개방 공간의 배치도 주목할 만하다.

2. 하펜시티의 현황

하펜시티는 도시 중심부와 긴밀히 연결되어 있으며 새로운 지하철 노선과 북쪽과 서쪽에 자리한 기존의 지하철 노선 연결을 통해 이곳은 하루에 약 4만 명의 방문객이 접근한다. 함부르크 시내 즉 도시의 핵에서 누릴 수 있는 교통 편의를 유지하고 있다고 할 수 있다. 대중교통시설이 지하를 통해 연결됨으로 땅 위의 토지이용에 있어 다양한 잠재력을 갖고 고품격 도시 생활을 누리도록 했다. 또한 주요 교통이 지하에 있기 때문에 소음을 막을 수 있다. 그리고 잘 연결된 지하철 덕분에 계획된 자전거도로와 보행자 도로망을 절약할 수 있게 되었다.

특별히 생태적인 관점에서 일상에서의 이동을 주로 보행과 자전거를 사용하도록 하였다. 그래서 하펜시티에서는 보행자 도로와 자전거도로의 원활한 체계를 볼 수 있다. 다른 지역의 최신 개발 지구와 비교하여 하펜시티의 블록 크기는 작다. 그래서 보행자와 자전거 도로망을 다른 도로망의 길이와 비교할 때 6:5가 아닌 9:5로 현저히 길다. 게다가 보행자에게 매력적인 다양한 도로를 걸을 수 있는 선택의 폭이 크기 때문에 거주자들이 필요한 물건을 살 때와 같은 경우 도시 안에서 매연을 뿜는 자동차를 이용하지 않게 되어 에너지 절약과 매연을 감소하는 데에 기여한다.

이렇듯 현재 하펜시티는 공간적 측면·에너지 측면 등의 다양한 방면에서 재생 도시로서의 면모를 여실히 보여주고 있으며, 2017년 현재 하펜시티 구역 내에 노인 주거 공간, 교육 시설 등이 추가로 건설될 계획이다. 현재도 하펜시티는 계획성, 실용성, 경제성, 창의성 등의 면에서 여러 국가의 귀감이 되고 있다.

III. 하펜시티 프로젝트(Hafencity Project)

1. 개요

함부르크는 엘베(Elbe) 강을 따라 새로운 도시 지역을 개발하면서 유럽에서 도시 개발과 관련된 새로운 표준을 수립하고 있다. 함부르크 내 하펜시티 지역은 157 헥타 시설이 결합해 있다. 다른 주요 도시 수역 개발 프로젝트와 차별화되는 부분은 지리적인 부분인데, 지역 해상 위 활발한 도시가 형성되어 사무, 직장 및 주거, 문화 및 여가, 관광 및 소매를 하는 하펜시티는 함부르크 내의 가장 중심적인 위치이기 때문에 세밀한 용도의 혼합, 도시 특성 및 생태적 지속 가능성 표준 및 혁신적인 개발 프로세스에 반영되는 높은 기대치를 가지고 있다.

육지와 수역 사이의 상호 작용 또한 독창적인 것으로 간주된다. 왜냐하면 하펜시티는 수역 경계를 나누는 제방에 둘러싸여 있지 않기 때문이다. 부두와 산책로를 제외하고는 전체 면적이 해발 8~9m로 높게 조성되어있다. 인공 고분토의 건축 개념(고분토를 이용해 해발 이상으로 건축)은 항구 산업 위주의 지역의 지형적 특징을 살려 항구와 밀접한 거리를 유지함과 동시에 홍수 범람으로부터 보호한다.

1) 복합적 토지이용

현재 진행 중인 작업은 도시 계획 및 건축기술을 이용하여 새로운 도심을 건설하는 것이다. 하펜시티(HafenCity) 대부분 부지는 과거 단층기둥 구조물이 대부분이었다. 오베하펜(Oberhafen) 지역을 제외하고는 기존 건물을 그대로 유지하거나 보존할 가치가 거의 없었다고 판단했기 때문에 하펜 시티는 거의 새로운 건물로만 구성된다. 전체적으로 2.32백만 제곱미터 이상의 총 바닥 면적 (GFA)이 건설된다. 12,000명 이상의 주민을 위한 약 7,000개의 주거 시설과 공원, 광장 및 산책로가 있는 교육 기관, 식당 및 바, 소매, 문화 및 레저 편의 시설을 비롯하여 45,000개가 넘는 취업 기회를 제공하는 사업장이 건설 중이다.

그중 눈길을 끄는 부분은 복합적 토지이용이란 개념 하에 진행되는 도시 계획과 건축물의 재해석이다. 슈파이셔슈타트 지역(Speicherstadt), 항구 구조, 기존 건물의 응용, 중요하게는 도심의 시각적인 요소를 증대시키는 도시구조를 통해서 알 수 있다. Speicherstadt 맞은편과 하펜시티의 중심에 있는 빨간색 클링커 벽돌의 사용 역시 하펜시티만의 독특한 특징이다.

2) 독특한 정체성을 지닌 동부 지구

이후 서술할 마스터플랜과 관련된 동부지구는 하펜시티 프로젝트에서 중요한 부분을 차지하고 있다. Baakenhafen 지역과 Oberhafen, Elbbrucken 지역은 기존 도시와 더 격리되어 있으며 통합되어 있지 않다. 3지역은 주요 도로와 근접해 있기 때문에 특별한 소음 방지 계획이 필요했다. 이 특별한 계획(추후 서술)을 통해 동부 지역에 개성을 부여할 수 있는 기회를 창출하였다. Am Baakenhafen은 수천 개의 일자리가 있는 생활과 여가에 초점을 맞춘 지역이며 Oberhafen은 창조적이고 문화적인 구역, Elbbrücken은 비즈니스와 주택을 위한 지역이 될 것이라고 하펜시티 담당 관계자들은 말하고 있다.

3) 친수공간계획

하펜시티는 육지의 약 991,735㎡와 해면의 약 561,983㎡로 총 155만㎡로 이루어졌다. 1/3이 수로인 셈이다. 건물과 기반 시설의 비율은 60:40으로 계획되었으며, 주택 근처에 대략 59,504㎡ 정도의 공원과 운동장이 설계되었다. 그리고 12,000명의 거주자를 위한 약 5천 5백 호의 주거지가 들어설 예정이다. 하펜시티의 토지 이용계획을 정리해보면 40,000개의 일자리를 창출할 수 있는 잠재력을 가진 사무실과 상업지는 178∼201만㎡이다. 약 96만㎡에는 서비스 산업이 입지하며, 60만㎡는 주택용지로 이용된다. 하펜시티의 토지이용을 분석해보면 사무실과 상업지에 분배된 부분이 가장 많고 그다음으로 높은 면을 차지하는 것은 서비스산업 용지다. 주거용지로 이용되는 토지 역시 큰 비율을 차지하고 있었다. 하펜시티의 토지이용의 특징은 항만 지역의 특성을 살려 엘베 강을 매력적으로 활용하는 데 있다. 건축물은 세계적인 건축 디자이너들의 작품으로 각 구역에서 보이는 스카이라인을 고려하여 지어졌으며, 역사적으로 유서 깊은 창고 건물들을 파괴하지 않고 보존하여 새로운 첨단 시설과 조화시켜 보존을 통한 새로운 랜드마크를 창조했다. 또한 녹지공간을 통해 구역과 구역 사이를 산책할 수 있는 길을 확보했다. 부두와 공원 등의 여가 지역을 확보하여 도시와 자연이 조화롭게 어우

러지는 안에서 휴식을 취할 수 있도록 계획되었으며, 구도심과의 연계성을 고려하여 효율적인 기반 시설을 구축했다. 하지만 무엇보다 하펜시티 토지이용의 가장 큰 특성은 바로 복합적인 토지이용을 통해 다른 도시들과의 차별화를 두었다는 것에 있다.

4) 시설 유형 측면에서의 계획

주거복합도시로 계획되어 사무실과 주택 시설 등이 새롭게 건축되었다. 한때 무역을 한 항만과 더불어 요트를 이용한 취미활동이 일반화된 유럽의 특징을 살린 한 부두 시설이 고려되었으며, 부분의 사무실과 주거지에서 접근이 용이한 위치에 휴식과 여가를 즐길 수 있도록 공원과 수변공간을 개발하였다. 또한 수변을 따라 산책로를 조성하여 모든 구역이 하나의 산책코스가 되도록 계획하였다. 엘베 강을 따라 각 구역의 가장자리를 이용해 계획된 산책로는 공공녹지와 휴식 공간, 그리고 사무실과 주거지로의 접근성을 효율적으로 끌어내고 있다. 그리고 하펜시티의 랜드마크가 될 건물들은 유서 깊은 창고(곡물창고, 공장 등)를 개조하여 시민들에게 문화시설을 제공할 수 있는 콘서트홀이나 아쿠아리움, 과학 센터와 국제 해양 박물관 등의 최첨단 시설로 재건축하였다. 엘베 필하모닉 콘서트홀의 경우는 오래된 코코아 창고를 활용하여 지어졌다. 본 건물은 그대로 유지한 채 건물 위에 파도가 물결치는 모양의 구조물을 올려서 독창인 디자인으로 설계되었고 128년 된 부두 창고 건물은 국제 해양 박물관으로 새롭게 태어났다. 다만 과학 센터의 경우 구조물을 이용하지 않고 엘베 강과 조화를 이루면서도 창의적인 디자인으로 신축됐다. 이 센터에는 대형 아쿠아리움과 과학 극장이 들어설 예정이다.

5) 홍수방지 대책

하펜시티는 엘베 강에 위치하여 역사적으로 19세기까지 범람하였다. 그래서 하펜시티에는 아직 수중 생물의 서식지가 남아 있다고 한다. 모든 계획의 평가 방향은 수 생물과 토지의 동물군 보호에 초점을 맞추었다. 동식물 보호 계획 설립 후 재개발 과정에서 둑과 방제의 문제가 남겨졌다. 엘베 가장자리가 멸종기의 식물과 동물 종의 마지막 보루였기 때문이다. 이와 같은 환경인 점을 고려해 하펜시티는 다른 항만재개발 사업과 다르게 간척 사업이나 새로운 방제 등을 사용하는 대신 고유의 지형을 유지하는 재개발을 선택했다. 하지만 개발지는 평균 해발 고도 4.4~7.2m로 역사인 창고가 모여 있는 Speicherstadt 구역을 포함해 부분이 엘베 강이 범람하는 위치에 속해있다. 기존에 있던 심 제방은 서쪽에 있는 St. Pauli fish market에서 시작하여 Baumwall 홍수 통제소와 Schaartor 수문, 그리고 Nikolai flood 홍수통제소를 거쳐 북쪽으로 향하는 수로를 따라 엘베 다리가 있는 Oberhafen 운하까지 이어진다. 높은 도로의 건설은 화재와 응급상황에서 접근성을 확보하는 것뿐만이 아니라 이례적으로 발생하는 큰 조수에도 영향을 미친다. 기존의 제방 벽은 하중을 견디어 낼 수가 없어 땅의 고도가 높아지는 모든 곳은 부두에서 20m 떨어진 곳부터 개발된다. 범람으로부터의 보호를 생각하여 하펜시티와 도심의 보호를 해 여러 개의 홍수통제소와 수문의 연속인 설치로 계획된다.

2. 마스터플랜

하펜시티 개발에 거의 완성된 서쪽(Uberseequartier, elbtorquartier)은 이미 도시적인 느낌이 있다. 중앙 지역은 이미 준공되었으며 동쪽 지역의 건축 작업이 진행 중이다. 하펜시티는 워터프론트에 기초하여 정교한 컨셉을 잡아 점차 확대되고 있다. 하펜시티 자체는 주요 국제도시 모델의 청사진 역할을 한다. 함부르크 상원에서 2000년 2월 29일에 하펜시티 마스터플랜을 본질적으로 승인했다. 또한 2010년에 광범위한 공개 토론을 통해 도시 내 수평 수직적으로 도시사용과 융통성에 대한 통합을 제공했다.

오래된 동부 항구 부지 (Oberhafen, Baakenhafen, Elbbrucken) 지역의 개발을 위한 적절한 계획이 기획되었다. 처음 10년 동안 동부 Hafencity 지역은 교외로 간주됐다. 지하철로 연결되긴 하였지만 신도시 일부에 불과했었다. 그 이후 더 많은 프로그램과 공개 토론 40개 이상의 이벤트를 통해 재 생성된 초안은 점점 더 발전했다.

그런데도 하펜시티의 동부 3개 지역(Oberhafen, Am baakenhafen, Elbbrucken)은 기존 도시와의 통합이 어려워지며 점점 더 고립되어 왔다. 그 이후 마스터플랜을 통해 동부의 3개 지역은 각각의 특성을 살려 개발되었다. 또한 수송 경로와의 근접성 문제를 해결하기 위해 시 자체에서 소음방지 계획을 세웠다. 각각의 특성을 알아보자면 Am baakenhafen 같은 경우에는 생활과 여가에 중점을 두고 다양한 일자리 창출을 불러일으킨다. Oberhafen은 창조적이고 문화적인 분위기로 예술 및 디자인 분야에 초점을 맞췄고, Elbbrucken의 경우는 사업 및 주택가가 위치하고 있다. 이러한 마스터플랜의 개정 결과 하펜시티 전역에서 사용 가능한 영역의 현저한 증가가 이루어졌다.

과거 항구지역의 이전사업 이전, 높아진 빌딩 밀도 등을 통해 실현 면적 가능성이 1.5배 증가하였다. (1.5 million sqm of gross floor area to 2.32 million sqm) 또한 Baakenhafen 지역의 전체 넓이 역시 123헥타르에서 127헥타르로 증가하였다.

이후로 Baakenhafen에 3,000개의 주택이 건설될 예정이며 Elbbrucken 지역 역시 5,500가구에서 7000가구로 증가한다. 2011 년 3분의 1 이상의 주거 공간이 개발되었다. 또한 공공 보조금을 통한 초등학교, 두 개의 중학교, 여러 군데의 유치원 유치 등을 계획 중이며, 잠재적인 일자리도 많이 증가할 것으로 보고 있다. Lohsepark, HafenCity의 중앙 공공 공원, 리버 엘베. 남쪽에는 엘베(Elbe) 산책로 사람들이 산책하도록 장려할 수 있다. Entenwerder 섬, 그리고 Baakenpark 지역의 인공 녹색 재생 및 레저 개발 등을 통해 이제 시는 처음에 계획되었던 24의 헥타르와 비교되는 총 28헥타르 이상의 면적을 보완하며, 해안선 길이 역시 거의 10에서 10.5 km에 이른다.

동부의 하펜시티는 주요 고속도로로 이어지는 모양으로 이어진다. 북쪽 지역과 동쪽 지역은 많은 소음이 발생한다. 따라서 지능형 도시 계획 기술개념이 필요한데 주요 동부 교통 지역에는 소음 차단을 위해서 주로 사무용 건물이 늘어서 있다. 남쪽으로 반 밀폐형으로 이루어진 주거 지역은 안뜰과 같은 느낌으로 이웃을 위한 주거지역을 제공한다. 혁신적인 에너지 사용 및 높은 생태 표준을 통해 마스터플랜은 도시로서의 하펜시티의 기능을 그 정점까지 끌어올렸다.

3. 하펜시티 개발과정

현재 우리의 연구 주제가 되는 하펜시티는 2025년 항만재개발사업 완공을 목표로 공사가 진행 중이다. 과거에 하펜시티에서는 엘베강을 중심으로 함부르크의 주요 산업 활동이 이루어졌으나 급속도로 늘어나는 물류량을 처리하기 위해 인근에 조성된 새로운 첨단 항구로 인해 경쟁력을 잃게 되었으며, 항만의 특성상 나타나는 도시와의 단절로 인해 쇠퇴의 길에 접어들기 시작했다.

결국 함부르크 시의회는 1997년 하펜시티를 재개발하기로 했고 2001년에 착공했다. 이 계획으로 쇠퇴하던 도심의 가장자리에 현대적인 모습의 공간이 들어서면서 하펜시티가 더욱 활기를 띠게 될 것으로 기대된다.

하펜시티의 개발과정에서 가장 중점이 되는 부분은 이 프로젝트가 30년간의 장기 개발 프로젝트란 점이다. 하펜시티 개발과정에서 함부르크 시는 새로운 도시 발전이 기존의 항구도시로서의 장점을 잃지 않기를 원했고 이를 위해 소수의 상업 빌딩을 제외하고는 대부분 건물을 7층 높이로 지었다. 도시 자체의 가치를 높이기 위해 부지의 20~35%는 공원, 산책로 그리고 광장 등의 공공 공간으로 활용한다. 이는 기존의 개발들이 효율을 중요시한 것과 크게 대조되는 부분으로 '공존과 느림의 도시'라는 신조를 실현하여 도시의 질적 부분을 크게 높이기 위해 선택한 개발 방향이었다.

위에서 언급한 것처럼 기존의 역사 깊은 건물을 파괴하지 않고 보존하는 것은 하펜시티 개발에서 중요시하는 부분이다. 이는 하펜시티의 랜드마크가 될 엘베 필하모닉 홀에서도 나타나는데 기존의 창고로 쓰던 건물 위에 신식 건물을 지어 올려 전시장과 공연장을 포함한 복합 문화시설로 사용하고 있었다. 또한 국제 해양 박물관도 128년 된 부두 창고 건물을 활용한 것이다.

하펜시티는 Am Sandtorkai/Dalmannkai, Am Sandtorpar/Grasbrook, Brooktorkai/Ericus, Strandkai, Überseequartier, Elbtorquartier, Am Lohsepar, Oberhafe. Baakenhafen 그리고 Elbbrucken 이렇게 10개의 구역으로 나뉜다. 하펜시티에 대한 마스터플랜은 2000년에 구상되었고 2025년에 완성할 계획이다. 하펜시티는 기본적으로 서쪽에서부터 동쪽으로 그리고 북쪽에서부터 남쪽으로 개발하는 방향을 잡고 차근차근 진행되고 있다. 이 계획에 따라 하펜시티의 구역 중에 가장 먼저 완성된 곳은 가장 서쪽에 위치한 Am sandtorkai/Dalmannkai 이며 이곳은 하펜시티의 랜드마크로 건설해 놓은 엘베 필하모닉 홀이 건설되어 있는 곳이기도 하다. 이 구역은 45개의 주상복합 아파트와 5성급 호텔이 건설되어 있다. 2011년에는 Am Sandtorpark/Grasbrook 구역이 완성되었는데 이 구역은 Am sandtorkai/Dalmannkai 보다는 좀 더 젊은 가족들을 위한 공간으로 구성되어 있다. 그렇기에 이 구역에는 2009년부터 부속 유치원이 있는 하펜시티의 첫 번째 초등학교가 운영되고 있다. 2012년에는 함부르크와 하펜시티를 연결하는 U4 지하철이 개통됨으로 인해 함부르크 주민들의 하펜시티로의 접근성을 높여주었고, 2014년에는 하펜시티 대학교가 설립되며 하펜시티는 완성형 도시로 나아가고 있다.

물론 이러한 과정들에서 문제가 없었던 것은 아니다. 엘베 필하모닉 홀을 건설하는 과정에서 막대한 초과 비용이 발생하였고 무려 3년이나 공정이 연기되었다. 이는 많은 함부르크 주민들 사이에서 하펜시티 재건에 대한 부정적인 여론이 조성되는 계기가 되었다. 그럼에도 엘베 필하모닉 홀은 2016년 말에 완공되어 2017년 초에 무사히 개관하였다.

IV. 시사점

하펜시티 프로젝트는 계획 당시부터 장기 프로젝트였기 때문에 완공까지 상당한 시간이 걸린다. 2000년부터 진행해온 공사는 2017년 현재 상당한 구역이 새로운 재생 도시로 재탄생하였다. 그러나 이러한 완벽한 프로젝트에도 한계점은 존재한다.

첫째, 도시 건설에 막대한 비용이 사용되었다는 것이다. 하펜시티의 공사 비용은 초기에 책정한 비용을 초과하였다. 하펜시티 프로젝트의 최종적인 목적이라고 할 수 있는 친환경적인 건설을 위해서 건설 초기에는 환경을 치리 정돈하기 위한 비용이 추가로 사용되었다. 또한 2016년 말 완공된 엘베 필하모닉 건설에는 초기 책정된 비용의 10배에 달하는 금액이 사용되었다. 이에 일각에서는 이 프로젝트가 일반 시민을 위한 프로젝트의 취지에서 벗어나는 것이 아니냐는 우려도 나오고 있다. 실제로 하펜시티는 일부 모습을 살펴보았을 때 이러한 우려도 과한 것은 아니다. 실제로 하펜시티 내에는 많은 고급 펜트하우스들이 들어서 있고 부지 가격도 비싼 편이다. 하지만 이러한 우려를 해결하기 위해 함부르크 시에서는 서민 아파트, 기숙사 등을 설치할 예정이다.

둘째, 장기 계획이기 때문에 시민들이 체감하는 부분이 매우 협소하다. 애초에 이 프로젝트는 장장 25년의 장기 프로젝트이기 때문에 모든 구역의 공사가 천천히 조심스럽게 진행되고 있다. 또한 환경친화적인 발전을 주목적으로 하고 있기 때문에 더욱 공사가 천천히 진행될 수밖에 없다. 그렇기 때문에 프로젝트가 진행된 이래 16년이 지난 지금도 많은 구역이 공사가 진행되기를 기다리고 있다. 하지만 일반 시민에게 돌아오는 혜택이 미미한 데다, 장기 계획이라는 이유 때문에 도시의 구체적인 청사진이 그려지지 않았다. 그렇기 때문에 시민들이 체감도는 낮을 수밖에 없다.

하펜시티 프로젝트는 오랜 기간 진행되는 사업이고 그에 따라 발생하는 문제점에 즉각적으로 대응·수정하는 정책을 취하고 있으므로 이러한 문제점이 발생하더라도 대안 제시와 소통을 통해 목적하는 바를 잘 달성하고 있다.

V. 나가며

본 연구의 목적은 항만 재개발 성공사례 중 하나인 독일 함부르크 시의 하펜시티 프로젝트의 진행 상황을 현지답사 및 연구하여 부산 구항만 재개발 사업에 하나의 방안을 제시하는 것이다. 이를 달성하기 위해 세부 목적을 세 가지로 정했다. 첫째, 본 연구에 필수적인 자료를 현지에서 수집하는 것이다. 둘째, 사업에 대한 현지 거주민들의 의견을 조사하기 위해 인터뷰를 실행하고, 마지막으로 부산 옛 항만 재개발에 도시재생 사업의 적용 가능성 및 방안을 제고해보는 것이다.

첫째, 본 연구에 필수적인 자료를 수집하기 위해 하펜시티 지구에 위치한 해양 박물관, 하펜시티 정보 센터 및 하펜시티 개발에 일조한 회사 등을 방문하고 인터뷰함으로써 하펜시티 지구가 도시재생에 성공할 수 있었던 핵심적인 요소들을 발견할 수 있었다. 하펜시티 프로젝트는 지역의 지속 가능성, 문화요소, 복지 요소 등을 모두 포괄하고 있었다. 하펜시티 프로젝트의 마스터플랜에 하펜시티 프로젝트를 진행함으로써 발생하는 편익을 도시민들에게 돌아갈 수 있도록 한다는 말이 있다. 그런 의미에서 각종 인터뷰를 통해 수집한 자료는 매우 의미 있었다.

둘째, 본 연구자는 이번 현지답사를 가기 전 이 프로젝트에서 유발되는 시민의 요구 및 한계점을 예상하였다. 그 결과 시의 큰 경제적 부담에 따른 시민들의 반발이 있을 것으로 예상했다. 현지 조사 결과 하펜시티 프로젝트의 경우 민관 협력으로 진행되어서 생각보다는 예산에 한계점이 없을 수도 있겠다고 생각했다. 하지만 직접 시민들을 대상으로 한 인터뷰를 통해 시의 경제적인 부담은 여전히 시민들에게 큰 불만을 초래한다는 것을 알 수 있었다. 특히 엘베 필하모닉 건물의 경우에는 수십억의 투자가 있어야 했고, 프로젝트 진행 초기에는 기업에서 경제적인 부담을 진다고 했으나 프로젝트 시작 이후 계획이 엇나갔다는 것이다. 하지만 이러한 한계점을 보완하기 위해 함부르크 시는 여러 노력을 기울이고 있었다. 가령 함부르크 시는 거주 시민들에게 편익을 제공하기 위해 서민 아파트, 저렴한 기숙사, 극장 외 다양한 문화시설을 건설하고 있다.

셋째, 부산 옛 항만에 이 프로젝트가 어떻게 적용 가능할지를 연구하였다. 부산의 옛 항만은 함부르크 구항만과 같은 이유로 이용의 효율성이 저하되고 있다. 함부르크의 사례를 살펴보면, 함부르크 신항만이 건설되고 나서 많은 물류량이 신기술과 고급인력이 집중된 신항만으로 모여들기 시작했다. 그로 인해 이용 효율 가치가 저하된 구항만을 재생하기 위한 프로젝트의 일환으로 하펜시티 프로젝트가 도입되었다. 하펜시티 프로젝트는 재정적 부담을 시가 지는 것이 아니라 기관이 대부분 지고 있으며 프로젝트의 경우는 시와 기관이 협력하여 진행하는 방향으로 진행하고 있었다. 따라서 시에서 부담할 부분이 적어지고 프로젝트의 효용은 그대로 가져가는 것이다. 하펜시티 프로젝트는 지속 가능성에 많은 노력을 기울인 것으로 보이는데 이는 구항만에 유사 프로젝트를 진행할 시 눈여겨 보아야 할 점이다. 뿐만 아니라 하펜시티와 부산 구항만은 환경적으로 유사점이 많이 있기 때문에 추후 부산 구 항만에 재생 프로젝트를 실행한다면 이를 토대로 여러 부분을 참조할 수 있을 것으로 기대한다.

참고문헌

<저서>
미상, Hafencity Hamburg – Projects: Insights in the Current Developments (2004)
일본 도시개발제도비교연구회 펴냄, 고준환·장철순 공역, 「외국의 도시계획·
    개발제도 : 영국, 미국, 독일, 프랑스, 한국, 중국」, 『경기도 : 국토개발
    연구원』, 1996년

<논문>
비안카 펜츠린, 「함부르크 하펜시티의 워터프론트 도시재생(HafenCity Hamburg
    der Masterplan)」, 『Urban Review』WINTER 15호, 2007년
이명재, 「독일의 도시개발과 도시재개발 사례」, 『건축과사회』제3호, 2006년
이선주, 김성길, 「부산시 북항의 항만 재개발 개선 방안에 관한 연구 – 독일 하
    펜시티와의 비교를 중심으로 -」, 『한국습지학회지』제9권 3호, 2007년

<인터넷 자료>
홈페이지, 하펜시티 http://www.hafencity.com
홈페이지, 위키피디아 http://en.wikipedia.org/wiki/Hamburg

─ <여행소감 한 마디> ─

　가장 기억에 남는 곳은 하펜시티의 대표적인 건축물인 필하모닉으로 오래된 창고 건물을 재건축하여 콘서트 홀로 이용하고 있었다. 하펜시티의 재생 도시적 측면을 잘 보여주는 건물이라고 할 수 있다. 하펜시티의 건축물들을 살펴보면서 특이한 점을 발견할 수 있었는데, 대부분 고층 건물들의 아래층과 위층이 다른 건물처럼 보인다는 점이었는데 우리는 (독일 친구) 로렌스의 답변을 통해 그 의문을 풀 수 있었다. 보통 아래층과 위층 모양이 다른 건물은 원래는 아래층만 있던 오래된 건물을 재사용하여 다시 건축했기 때문이라고 하였다. 나는 개인적으로 이러한 건물들이 도시재생이라는 슬로건에 부합하는 좋은 사례라는 생각이 들어 매우 인상 깊었다. (김미혜-국제지역학부)

7장 밴쿠버: 미항도시의 지속가능한 관광

2016년 동계 글로벌챌린지: 캐나다

팀명: Team Van↔Bu

팀원: 정지현(영어영문학과, 2학년)

조윤정(영어영문학과, 2학년)

심규진(영어영문학과, 1학년)

정유나(영어영문학과, 1학년)

Ⅰ. 밴쿠버의 도시 소개 및 특징

본 연구팀의 주제는 밴쿠버의 미항 항구 도시와 지속 가능한 관광
지를 탐방하는 것이다. 밴쿠버는 독특하게 수산업과 항구가 조화를
이루어 밴쿠버의 대표적인 관광지로 자리를 잡고 있는 곳이 많았는
데, 특히 자연 보전이 뛰어나 지속 가능한 관광지의 요소들을 지니
고 있다.

밴쿠버라는 이름은 1792년 태평양 연안을 탐험한 조지 밴쿠버 선장
의 이름에서 딴 것이다. 일반적으로 밴쿠버라고 할 때는 밴쿠버 도
심지, 노스 밴쿠버, 웨스트 밴쿠버, 버내비, 리치먼드 등 13개 위성
도시를 포함해 일컫는다. 밴쿠버는 서부 캐나다 최대의 상공업 도시
이자 태평양으로 통하는 주요 무역항이다. 시(市)는 1870년대에 제
재업의 기지로서 처음으로 백인이 식민하여 그랜빌이라고 불렸다.
1885년에 대륙횡단 철도의 태평양 쪽이 종점으로 결정되면서, 이듬
해 시로 승격하고 현재의 이름으로 바뀌었다. 그 후 캐나다 동부와

<그림 1> 밴쿠버 SEA BUS에서 본 바다　　<그림 2> 밴쿠버 SEA BUS 내부

태평양을 연결하는 교통의 요지로서 발전하였으며 20세기 초에는 주도인 빅토리아를 능가하여 주 전체의 경제활동을 통할하는 주 제1의 대도시로 성장했다.

　밴쿠버의 항구 관광지들은 수산업과 항구 각각의 장점을 접목해 관광지로 발전했다. 먼저 항구의 장점인 이색적인 교통수단으로서 육로뿐만이 아닌 해로 통행이 관광객들의 발길을 사로잡았다. <그림 1>과 <그림 2>는 밴쿠버의 대표적인 교통수단 중 하나인 SEA BUS다. SEA BUS는 밴쿠버와 노스 밴쿠버 사이의 바다를 가로지르는 해로 교통수단이다. 노스 밴쿠버를 육로로 건너간다면 출퇴근 시간에는 기본 30분 이상 걸린다. 하지만 SEA BUS는 15분 만에 밴쿠버에서 출발해 바다를 가로질러 노스 밴쿠버로 도착한다. SEA BUS는 밴쿠버 현지인들에게는 출퇴근용 교통수단으로 관광객들에게는 관광코스 일부로 운행되고 있다. SEA BUS를 타고 지나갈 때 바다 한가운데 정박해서 수리를 받는 선박들을 볼 수 있고 화물을

아침6시30분부터저녁9:30분까지
5~15분간격, Daypass 한장으로
하루종일 크루즈 놀이!

<그림 3> 그랜빌 아일랜드 아쿠아 버스　　　<그림 4> SNS 속 아쿠아 버스 설명

올리는 모습도 눈앞에서 볼 수 있다. SEA BUS를 이용하면서 제일
인상이 깊었던 부분은 바로 두 장소 왕복을 통해서 밴쿠버와 노스
밴쿠버 전체적인 전망을 이동 중에 관람할 수 있었다.

　<그림 3>은 그랜빌 아일랜드에서 탈 수 있는 아쿠아 버스다. 아쿠
아 버스는 우리가 한국에서 출발할 때부터 기대하였던 교통수단이
다. 최근 SNS에 여행 열풍이 불면서 밴쿠버 여행 코스를 검색하던
도중, 우리 팀원들은 SNS 페이지에 밴쿠버 아쿠아 버스가 게시된
글을 우연히 접하게 되었다.

　<그림 4>는 SNS 페이지에 게시되었던 아쿠아 버스에 관한 설명
이다. 지도를 보면 밴쿠버의 대표적인 명소들 근처에 아쿠아 버스
정박장이 세워져 있다. 이는 관광객들이 아쿠아 버스를 타면서 이색
적인 체험과 관광지 관광을 동시에 추구할 수 있도록 한 밴쿠버 정
부의 획기적인 관광 전략으로 보였다. 아쿠아 버스를 이용하면서 우
리는 부산에서도 아쿠아 버스 관광을 추진하면 좋겠다는 생각을 했
다. 출발지는 해운대 요트경기장을 출발로 광안리 해변을 지나서 영

도 남항대교에 정박하는 코스다. 이 관광 사업을 추진하게 된다면 레저로만 방문하게 되었던 해운대 요트경기장의 경기가 발전하게 될 것이다.

두 번째로 항구 관광지들의 공통점은 퍼블릭 마켓이 발전되어 있다는 것이다. 밴쿠버의 퍼블릭 마켓들은 한국 시장과 다르게 규모가 작은 대신 실내가 2~3층으로 구성되어 있다. 밴쿠버 퍼블릭 마켓들은 부산 시장들과 달리 이용 층이 10~20대가 주를 이루고 있었다. 그 이유는 부산의 재래시장처럼 수산물만 판매하는 것이 아니라 판매 물품 종류가 다양하기 때문이다. 기본적으로 항구이다 보니, 갓 잡은 생선류, 고기, 채소, 과일 등 식재료에 필요한 재료들을 판매하고 있다. 그 외에 음식을 판매하는 상점들이 쭉 자리를 잡고 맞은편에는 손님들이 바로 앉아서 먹을 수 있게 공간을 마련해 놓았다. 야

<그림 5> 그랜빌 아일랜드 퍼블릭 마켓   <그림 6> 그랜빌 아일랜드 퍼블릭 마켓 내 휴게공간

외 음식점보다는 저렴한 가격 때문이어서 그런지, 푸드 코트에 교복을 입고 앉아있는 젊은 학생들이 많았다. 한 층 올라가니 각종 공예품, 옷 상점들이 있었다. 이렇게 마켓을 식재료만 판매하는 것이 아니라 다양한 상점들과 함께 시장을 구성하면서 노년층뿐만 아니라 젊은 층의 사람들까지 시장으로 발길을 유도하는 전략이 관광객의 입장에서는 독특한 시장이라고 인식이 되어 관광지로 인기를 끈다.

<그림 5>는 그랜빌 아일랜드 퍼블릭 마켓을 방문하였을 때 촬영한 사진이다. 빌 아일랜드 퍼블릭 마켓은 실내를 구역별로 나누어서 판매하는 품목을 달리하였다. 이렇게 품목별로 구역을 나누다 보니 소비자들은 편리하게 가격과 품질을 비교할 수 있다.

<그림 6>은 그랜빌 아일랜드 퍼블릭 마켓 안에 방문객들이 앉을 수 있는 공간을 별도로 마련해 놓은 곳이다. 시장에서 판매하는 음료나 현지 음식들을 구매 후 편안하게 이용할 수 있는 공간이었다. 이 공간은 우리가 방문하였던 노스 밴쿠버 퍼블릭 마켓에서도 볼 수 있었다. 이 공간을 이용하면서 우리는 부산에 많은 시장에 이렇게 앉아서 음식을 먹을 수 있고, 동시에 쉴 수 있는 공간이 생기면 좋겠다고 생각했다. 앉을 수 있는 공간이 생긴다면, 시장 이용객들은 굳이 음식점을 사용하지 않고, 시장에서 음식을 저렴하게 구매 후 편안하게 먹을 수 있다. 이러한 이용객들이 증가하게 된다면 시장 경제에도 긍정적인 영향을 미칠 것이다.

II. 지속 가능한 관광에 대한 조사

본 연구팀의 두 번째 주제는 지속 가능한 관광이다. 사전 조사 준비 당시 밴쿠버의 대표적인 지속가능한 자연 관광지인 잉글리시 베이, 스탠리 파크, 퀸엘리자베스 파크 방문을 계획했다. 먼저 지속가능한 관광이란, 지속 가능한 개발을 관광 사업에 도입한 개념이다. 관광의 개발이나 이용 정도를 다음 세대가 필요로 하는 여건을 훼손하지 않으면서도 현세대의 욕구에 부응하는 수준에서 관광 자원을 개발, 또는 이용하는 것이다. 기존의 관광은 가능한 많은 관광객의 유치를 목표로 관광객의 편의 위주로 진행되어 왔다. 하지만 그것은 결과적으로 대규모 개발을 지지하게 되어 심각한 환경의 훼손과 사회적 부작용을 유발했다. 이에 자연 친화적이고 지속 가능이라는 개념을 담은 여러 형태의 관광이 대두되었다. 자연을 파괴하던 기존의 관광이 자연 친화적인 관광으로 변화하고 있다.

<그림 7> 스탠리 파크　　　　<그림 8> 스탠리 파크 내 오리

첫 번째 지속 가능한 자연 관광지는 스탠리 파크다. 스탠리 파크는 밴쿠버 다운타운과 이어져 항상 많은 사람이 방문하는 곳이다. 교통이 편리하여 접근하기 쉽고 공원 내부를 순환하는 셔틀버스가 운행하고 있다. 해안선을 따라 공원을 일주하는 조깅 코스와 자전거 전용도로가 있어, 주말이면 이곳에서 레포츠를 즐기는 사람들이 많이 모여든다. 공원에는 3개의 작은 연못이 있고, 공원에는 9,000종이 넘는 해양생물이 서식하고 있다. 스탠리 파크의 접근성은 매우 뛰어났다. 공원이 크기 때문에 공원 중심부까지 운행하는 대중교통이 있었다. 부산과 비교를 하자면 부산의 시민 공원 같은 경우, 지하철역에서 도보로 약 15분 정도 소요가 되었다.

　스탠리 파크의 첫인상은 주변이 매우 깨끗하다는 것이었다. 공원뿐만 아니라 밴쿠버 거리, 바닷가, 공공장소 등을 지나쳐도 쓰레기를 본 적이 없었다. 그 이유는 바로 거리 곳곳에 배치되어있는 쓰레기통 때문이었다. 부산에 거리에는 쓰레기통을 보기 힘들다. 주변이 깨끗하기 때문에 스탠리 파크에서 다양한 야생 동물들이 서식할 수 있었다.

　두 번째 장소는 퀸엘리자베스 파크다. 퀸엘리자베스 파크는 돌을 채취하던 황폐한 채석장에 조성된 공원이다. 1939년 영국 엘리자베스 여왕의 밴쿠버 방문을 기념하여 만들어졌으며 밴쿠버 교외 리틀마운틴으로 불리는 높은 언덕 위에 위치하므로 밴쿠버 시내를 바라보는 조망이 뛰어나다. 공원 곳곳에 다양한 식물이 있으며 봄과 가을에는 화려한 꽃들로 장식된다고 한다. 울창한 거목과 넓은 잔디밭, 아기자기한 오솔길 등이 조화롭게 가꾸어져 있어 밴쿠버의 젊은 연인들에게 인기가 있다.

<그림 9> 퀸엘리자베스 파크 표지판   <그림 10> 퀸엘리자베스 파크

　퀸엘리자베스 파크의 경우에는 관광객들보다 현지인들을 더 많이 볼 수 있었다. 그 이유는 접근성에 있었던 것 같다. 스탠리 파크와 퀸엘리자베스 파크를 비교해본다면, 스탠리 파크 경우에는 공원 입구에서 중심부까지 갈 수 있는 버스가 운행하고 있다. 반면에 퀸엘리자베스 파크는 버스 정류장이 있는 곳과 다소 떨어져 있었다. 스탠리 파크의 교통수단처럼 공원 입구까지 운행하는 버스가 있었으면 더 많은 관광객을 유치할 수 있을 것 같다고 생각했다.

　마지막으로 지속 가능한 자연 관광지는 잉글리시 베이다. 잉글리쉬 베이는 다운타운 남서쪽에 있으며, 스텐리 파크의 해안도로와도 연결되어 있다. 가족과 샌드위치와 과일을 먹으며 피크닉을 즐기는 사람, 해변에 누워 일광욕을 즐기는 사람, 애완견을 데리고 산책하는 사람들로 인해 여유로운 분위기가 느껴지는 장소다. 모래밭에서 자라는 나무 가운데는 야자수도 찾아볼 수 있고, 석양을 보기 위해 찾는 여행자가 많다.

<그림 11> 잉글리시 베이

잉글리시 베이는 비가 내린 날이었음에도 불구하고 사람들이 굉장히 많았다. 잉글리시 베이의 풍경은 밴쿠버 자연 관광지 중 단연코 1등이었다. 해안 일대를 따라 산책로에 자전거를 타고 지나가는 사람들, 조깅하는 사람들, 그냥 걷는 사람들이 많았다. 실제로 인터넷에 잉글리시 베이를 검색하면 자전거 코스로 즐기기 좋은 관광지로 설명되어 있다. 잉글리시 베이와 스탠리 파크는 이어져 있기 때문에, 자전거를 이용해서 그 일대를 지나가는 것도 좋은 관광 코스일 것 같다고 생각했다.

SNS에 밴쿠버 관광을 검색하면 제일 많이 추천하는 관광코스가

<그림 12> SNS 속 자전거 투어 추천 글

자전거 코스다. 아직 밴쿠버에 도입된 지 얼마 되지 않아서 적극적으로 홍보를 하고 있다. 밴쿠버가 지리적 특성상 매우 넓기 때문에 자전거를 이용해서 밴쿠버 일대를 관광하는 것도 좋은 관광객 유치 방법 중 하나인 것 같다. 그리고 중심 거리마다 자전거 무인 대여소가 있기 때문에, 부담스럽지 않은 가격에 자전거를 대여할 수 있다.

Ⅲ. 결론을 대신하여: 밴쿠버와 부산 비교

본 연구팀은 밴쿠버를 탐방하면서 부산시에 도입이 되면 관광객 유치에 도움이 될 것 같은 세 가지 아이디어를 구상해 보았다.

먼저, 시장의 실내 장소 확보하는 것이다. 부산의 많은 시장에는 시장 음식을 구매 후 따로 앉아서 먹을 수 있는 공간이 없다. 그렇기 때문에 대부분의 사람은 끼니를 해결하기 위해 식당을 찾으러 간다고 한다. 사전조사 당시, 거리에 걸어가면서 먹고 남은 쓰레기를 아무 곳에나 투척하는 것을 보았다. 만약 시장의 실내 장소가 확보된다면 날씨에 영향을 받지 않고 시장을 방문하는 방문객들이 증가할 것이다. 또한 시장 거리에 쓰레기들이 감소할 것이고, 시장 음식의 소비가 증가하게 되면 시장 경제가 다시 성장하게 될 것이다.

두 번째는 수상 관광 요트 운행이다. 밴쿠버에서 항구 관광지들은 이색적인 접근을 위해 수상 버스를 이용하는 교통수단이 존재한다. 이 수상 버스는 항구 관광지에만 정박하는 것이 아니라 밴쿠버의 대표적인 관광지, 예를 들어 해양 박물관, 과학관, 등에도 정박한다. 이에 본 연구팀이 생각한 부산의 수산 요트 코스는 부산에서 제일 요트들이 많이 있는 해운대 요트 경기장이다. 이곳을 시작으로 광안리 바닷가, 남항대교 코스로 운행하는 것이다. 수상 버스를 부산에서 운행하게 된다면 해양 도시의 이미지를 관광객들에게 강력하게 심어줄 수 있을 것 같다. 또한 여름에만 레저를 즐기기 위한 사람들이 많이 방문하는 해운대 요트 경기장을 수상 버스 정류소를 짓게 된다면 꾸준한 관광객 방문으로 인해 해운대 요트경기장 일대 경제가 성장할 수 있을 것이다.

마지막은 바로 자전거 코스의 활성화이다. 부산에서도 무인 자전거 대여 사업이 활성화되어 거리마다 자전거 대여소가 설치되어 있지만 절차가 다소 복잡했다. 자전거 투어의 활성화를 위해서는 먼저 자전거 대여를 외국인 관광객들도 손쉽게 대여할 수 있는 방안을 마련해야 한다. 그리고 자전거 반납을 대여하였던 장소와 동일한 장소 말고도 어느 무인 자전거 대여소에 반납할 수 있도록 한다면 편리한 반납으로 인해 이용객들이 증가하리라 생각한다.

<여행소감 한 마디>

　한국보다 17시간 느린 밴쿠버에서의 여정을 위해 학기 중에 시작해서 방학까지 꽤 오랜 기간 동안의 준비를 마치고 출발했다. 사전 보고서 작성, ppt 발표를 마치고 비자 신청, 비행기 예매, 여행자 보험 가입, 숙소 예약, 환전, 전문가와 연락 등 처음부터 끝까지 모든 것을 우리 힘으로 해내고 간다는 사실이 믿기지가 않았다. 설레는 마음을 품고 비행기로 장장 10시간을 달려 도착해서 본 밴쿠버는 온통 눈밭이었는데 한국에서도 남부지역에서 쭉 살아왔기에 눈으로 뒤덮인 세상이 더욱 새롭고 이국적인 느낌을 가미했다. 실제로 밴쿠버에도 눈이 이렇게 많이 온 것이 6~7년 만이라는데 시기를 잘 맞춰온 것이 정말로 행운이었다. 공항에서 벗어나 거리를 걷는데 언제나 사진과 영상 속에서만 보던 곳에 내가 존재한다는 것이 꿈만 같았다. 길에 사람들이 지나다니지 않아도 그곳의 공기만으로 외국이라는 사실이 피부에 닿는다는 생각을 했는데 거기에는 거주지와 상가의 건축양식, 인도와 도로의 포장 양식, 신호체계가 다르다는 점이 눈에 띄었기 때문이다.(정유나·영어영문학부)

8장 시드니와 호바트: 해양공간관리의 모범사례

2017년 하계 글로벌챌린지: 호주
팀명: GLOXERT
팀원: 최서리(국제지역학부, 3학년)
강진주(국제지역학부, 4학년)
하태준(국제지역학부, 4학년)
송유준(국제지역학부, 4학년)

I. 들어가며

1) 연구 필요성과 목적

본 연구팀은 현재 유엔이 2016년부터 2030년까지 집중하고 있는 '지속가능발전목표'에 관련된 기사를 보았다. 유엔은 곧 다가오는 6월 유엔 해양회의에서 유엔 지속가능발전목표 중 14번째 목표인 '지속 가능한 발전을 위한 대양, 해양과 해양자원의 보존과 지속 가능한 이용'을 이루기 위한 행동촉구선언문에 포함될 요소로서 해양보호구역(MPA)의 설정, 해양오염에 대응, 지속가능한 어업의 형성 등을 강조하였다.

해양과 해양자원을 지속 가능하도록 하려면 어떠한 관리가 이루어져야 하는가. 그리고 그러한 관리를 통해 현재 해양자원의 무분별한 이용 및 개발, 해양환경의 오염이 어느 수준만큼 개선될 것인가. 본 연구팀은 이러한 의문점을 가졌으며 최근 국제사회와 해양선진국은 사전예방과 상호협력에 바탕을 둔 해양공간관리가 중요하다는 것을 인식하고 해양공간계획(MSP)을 통해 해양공간을 관리하고 있다는 사실을 알게 되었다.

국제지역학부는 현지 언어 능력을 바탕으로 세계화 시대의 국제지역 전문가가 되기 위해 각 지역에 대한 전문지식을 갖추고 세계의 변화를 모색하여 지속가능한 발전을 위한 지역개발 및 협력 방안에 대해 연구한다. 그래서 본 연구팀은 단순히 부산의 해양산업 개발을 위해 연구하기보다 국제사회의 흐름에 맞는 연구를 진행하고 부산에 적용할 수 있는 연구를 하고자 하였다.

본 연구팀의 연구 목적은 첫째, 현재 우리나라의 해양지역 연구에서 부족한 점을 재검토하고 개선의 필요성을 제기하고자 하며, 둘째, 부산의 해양공간관리를 위해 해양공간계획의 선두국가인 호주의 해양산업을 조사하고 흐름을 파악한 후 벤치마킹, 셋째, 부산이 지닌 해양자원을 지속해서 이용 가능하면서 효율적으로 활용할 수 있는 방안을 제시하고자 한다.

2) 국내 자료 분석과 선행 연구 검토

국내 해양 수산 정책 효과: 우리나라는 해양수산정책으로 2014년 기준 부가가치 유발액 86조 9,000억 원, 종사자 66만 6,000명 등 국부 부가가치 창출과 고용 창출을 이루어왔고, 여러 해양산업에서 개발 및 발전이 이루어졌다. 특히 해양과학기술 개발은 지난 10년간 R&D 예산 4배 성장하고 기술 수준은 최고기술 보유국 대비 45%에서 80%까지 성장하였다.

국내 해양 공간관리 시스템의 한계: 현재 우리나라는 해양자원 및 산업을 급속도로 개발·발전시켜오면서 일으킨 생태계 오염과 이용자 간의 갈등에 대한 해결책이 부족한 상황이다. 그 예로 어족자원 고갈을 우려하는 어민들과 값싼 골재를 원하는 건설업체가 공유재인 바다 이용을 두고 갈등을 빚는 사례가 있었다. 이처럼 해양의 고부가 가치성을 살려 경제 성장을 위해 지속해서 이용하려고 해도 현재 우리나라의 해양공간관리수단으로는 여러 한계점을 지녀 어려움이 많다. 먼저 우리의 해양공간관리 수단으로 연안용도 해역 및 보호구역 지정, 해양환경 영향평가 관련 제도, 모니터링 및 조사를 시행하고 있지만 개별법에 따른 부문별 관리를 하고 있어 통합적인 관리가 힘들고, 적용 대상이 연안 해역에 집중되어 있어 EEZ 해역(배타적 경제수역)의 공간관리가 어렵다. 또한 한국해양수산개발원의 최희정 해양 전문연구원은 해양생태계 기반 관리에 관한 관심은 늘었지만 해양공간관리를 위한 해양생태계의 변화 정보가 부족하고 해양공간성 및 해양생태계 서비스를 평가하는 수단이 미비하다고 지적했다.

국내 선행연구 검토: 국내 해양공간과 관련된 국내 연구로는 『연안·해양보호구역의 통합관리체제 구축 연구』[2], 「해양공간계획(MSP)제도 도입의 필요성에 관한 연구」[3], 『제2차 해양수산발전 기본계획 수립 연구(2011~2020)』[4], 「미국의 해양공간계획 정책방향과 시사점」[5], 「해양용도구역제 해외사례 분석 및 국내 활용방향」[6], 『해양자원의 최적 이용을 위한 해양공간계획 수립 연구』[7] 등이

---

2) 남정호, 『연안·해양보호구역의 통합관리체제 구축 연구』, 한국해양수산개발원, 2004년.

3) 채동렬, 「해양공간계획(MSP)제도 도입의 필요성에 관한 연구」, 『해양환경안전학회지』 제15권 3호, 2009년.

4) 한국해양수산개발원, 『제2차 해양수산발전기본계획 수립 연구(2011~2020)』, 국토해양부, 2009년.

5) 최희정, 「미국의 해양공간계획 정책방향과 시사점」, 『해양국토21』제5권, 2010년.

6) 정지호, 「해양용도구역제 해외사례 분석 및 국내 활용방향」, 『해양국토21』 제5권, 2010년.

7) 최희정 외, 『해양자원의 최적 이용을 위한 해양공간계획 수립 연구』, 한국해양수산개발원, 2011년.

있으며 대부분 2000년대 들어서면서 연구가 시작되었다. 선행연구들은 초반에는 해양공간계획(MSP)의 중요성을 인식하고 개념 및 구성요소와 도입의 필요성에 대해 언급하고 있으며, 그 후 MSP제도를 도입시켜 해양공간관리수단 개발 및 추진에 대한 연구를 진행하였다.

국내 대학 해양공간 관리 교육 실태: 신 해양산업과 해양환경 관련 교육을 제공하는 국내대학교로는 강릉원주대학교 해양자원육성학과, 경북대학교 지구시스템과학부, 경상대학교 해양산업융합학과, 군산대학교 해양산업 및 운송과학기술학부, 목포해양대학교 해양·플랜트건설공학과, 부경대학교 해양생산시스템관리학부, 부산대학교 해양학과, 인천대학교 해양학과, 인하대학교 해양과학과, 전남대학교 해양기술학부, 제주대학교 지구해양과학과, 충남대학교 해양환경과학과, 한국해양대학교 해양공간건축학부 등 13곳이 있으나 해양공간관리에 관한 전문 교육과정은 없었다.

II. 연구 방법 및 선정 지역 소개

1) 연구 방법

해양공간계획이란 해양공간관리의 필요성이 인식되면서 연안·해양보호구역 지정, 이용·개발에 따른 용도구역 지정, 연안 통합 관리, 해양생태계 기반 관리 등 다양한 수단과 형태로 발전해왔다. 유네스코에서는 해양공간계획(MSP)을 "해양에서 인간 활동의 시·공간적 배치를 위한 해양생태계 기반의 공간 할당 및 분석의 공공정책과정을 총칭하며, 궁극적으로 해양 이용의 생태적, 경제적, 사회적 목적을 달성할 수 있게 하는 과정"으로 정의한다. MSP는 해양수송, 재생에너지, 해양환경 보전 및 보호, 해사 및 골재 채취, 수산, 양식, 원유 및 가스 산업, 군사 등 해양공간에서 일어나는 다양하고 복잡한 해양 산업의 관리를 가능하도록 하므로, 우리나라에서도 체계적인 교육이 필요하다. 전 세계적으로 해양공간관리의 핵심 수단으로 해양공간계획(Marine Spatial Planning: 이하 MSP)이 도입되고 있는 시점에서 해양공간계획을 지원하기 위한 정보가 효율적으로 제공되고 활용되고 있는지 점검해봐야 한다. MSP의 주요 목적은 해양공간의 현재와 미래의 이용을 효과적으로 지원하고, 미래 세대에 가치 있는 해양생태계 서비스를 유지하기 위함이다(Douvere, 2008). 본 연구팀이 호주의 해양공간계획을 배우고자 하는 이유가 여기에 있다. 호주는 해양 관련 사업체나 정부 간의 네트워크를 형성하여 해양 생태계 유지에 힘쓰고 있으며 미래 세대를 위해 끊임없는 연구를 시행하는 중이다.

본 연구팀은 태즈메이니아 대학교에서 해양 공간 관련 전공이 어떻게 이루어지는지 살펴보았고 해외 해양 전문가와 인터뷰를 통해 호주 태즈메이니아 주의 해양공간계획이 어떤 과정을 통해 이루어지는지와 앞으로 우리나라에서 해양공간계획에 중요성이 대두될 것인지에 대해 알아보았다.

2) 오스트레일리아

호주는 남반구에 위치한 세계에서 가장 큰 도서 국가로, 전체면적은 약 700만km²로 한반도 면적의 약 33배이다. 호주의 대표적인 해양산업은 해운 산업이며 세계적인 수준으로 평가되고 있다. 따라서 해운 산업 발전을 위한 해양 정책을 수립하기 위해 연방정부 차원으로 다양한 해운 관련 지원 프로그램을 마련하여 해운 산업의 경쟁력을 높이고 있다. 또한 환경 친화적이고 안전한 해운 항만 체계를 구축하기 위해 선적, 환경, 안전 등에 관한 효과적인 제도마련에 힘쓰고 있다.

호주는 1975년에 호주 대보초 지역을 해양 공원(Great Barrier Reef Marine Park)으로 지정한 후 1981년에 용도 구역제를 도입·시행하는 등 해양 보호구역을 관리하고 수립하는 과정에서 해양공간관리가 발전하였다.

실제 호주를 방문하였을 때 가장 먼저 느낀 것은 한국에서 볼 수 없었던 지평선과 산이 없는 넓은 평지였다. 또한 흔히 이야기하는 누렁이(황색 소), 닭, 돼지 등의 가축에 익숙한 우리에게 몇 백 마리의 양과 왈라비, 캥거루를 넓은 초지에서 방목하는 광경은 이색적이었으며 한반도 면적의 33배에 해당하는 넓은 면적을 어느 정도 실감할 수 있었다.

또한 본다이 비치를 거쳐 쿠지 만에 이르기까지 긴 해안을 따라 트래킹을 하면서 한국에서는 다소 대중적이지 않은 서핑의 인기를 실감할 수 있었다. 하얗게 부서지는 파도는 한반도에서 보던 파도와는 또 다른 시원함이었고, 산호초 바다의 특성상 소위 에메랄드빛 바다는 깊고 푸른 동해와는 다른 매력이 있었다. 동시에 해안을 따라 걷는 도로가 굉장히 잘 갖추어져 있었고, 해안 근처의 시설물이 굉장히 깔끔하고 세련되게 정돈되어있어서 국가와 지역 정부에서 해양산업과 해안가를 얼마나 중요하게 생각하는지 몸소 느낄 수 있었다. 흔히 한반도의 여름에 볼 수 있는 해안가의 쓰레기 무덤도 보이지 않았을 뿐더러 곳곳에 화장실과 휴식 공간, 쓰레기통이 심심치 않게 비치되어 있어서 이용객들의 편의를 상당히 배려한 느낌을 받았다.

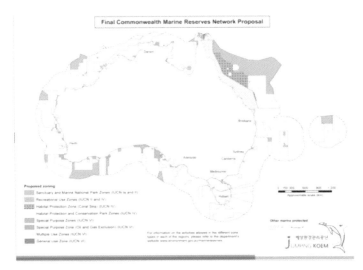

<그림 1> 호주의 6가지 보호구역, 해양환경관리공단

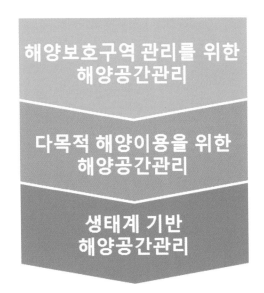

<그림 2> 국제사회의 해양공간관리 흐름

3) 시드니

시드니는 호주 전체 인구의 약 1/4이 몰려 있는 호주 최대의 도시이다. 포트잭슨만의 남안 일대는 세계 3대 미항의 하나인 시드니항의 항역이 되어 있다. 이 항에서는 오스트레일리아 무역액의 1/4, 뉴사우스웨일스주 무역액의 3/4를 취급할 정도로 교역이 활발하며 호주에서 관광객이 가장 많이 방문하고 보고 싶어 하는 오페라 하우스와 하버브릿지가 있어 관광도시로도 유명하다. 또한 포트잭슨만과 남쪽의 보터니만은 경치가 아름다워 호주에 간다면 시드니는 꼭 방문해야 한다.

시드니에 항구 이외에도 유명한 것이 서핑이다. 서핑의 천국답게 본다이 비치, 쿠지 비치 등은 호주 사람들의 해양 레저문화를 눈으로 볼 수 있는 장소다.

한 가지 또 이색적이었던 것은 도시의 계획성이었다. 일정을 위해 장소를 옮겨 다닐 때 구글 지도를 통해 길을 찾았다. 한국은 도시 특성상 골목이 많고, 건물 사이사이로 샛길이 매우 많을뿐더러 흔히 이야기하는 블록(Block)이라는 개념이 확실히 통용되기가 매우 어렵다. 하지만 시드니는 도시가 굉장히 계획적으로 개발되었다는 느낌을 받았다. 도심과 주거지의 구분이 비교적 명확했으며, 앞서 언급한 블록이라는 개념이 명확한 곳이었다. 또한 길거리의 도로명을 보고도 길을 확실하게 찾을 수 있었던 것이 인상적이었다. 한국도 도로명으로 주소지를 바꾸는 작업을 시행해왔지만 그 효과를 잘 실감하지 못했는데, 도시가 굉장히 계획적으로 지어진 이 낯선 곳에서는 도로명으로 건물과 장소를 찾는 것이 매우 편리함을 느꼈다. 또한 환경에 매우 엄격한 곳이어서 도심 곳곳에 쓰레기통이 매우 많이 비치되어 있었다. 전봇대에 쓰레기를 내어놓아 지저분하게 방치되어있는 곳도 없었고, 깔끔하게 거리가 정돈된 느낌을 받았다. 단순히 거리가 깔끔했을 뿐인데 선진국이라는 위엄이 확실히 느껴지는 길이었다.

4) 호바트

호바트에는 가장 청명한 공기와 신선한 해산물 및 농산물이 있으며, 미네랄이 풍부한 도시이며 유일하게 섬으로 된 주수도이다. 또한 마운트 웰링톤 산의 경사지 삼림과 더 웬트 에스튜어리의 깊은 항구로 둘러싸여 있다.

호바트에는 1890년에 설립된 태즈매니아 대학교가 있으며, 현재 최신 조사에 따른 정보를 바탕으로 광범위한 분야의 학부 및 대학원 프로그램을 제공한다. 또한 호바트에는 세계 수준의 연구 센터와 해양 및 남극학 연구소, 그리고 호주 유일의 해양 관련 교육과 훈련 및 연구를 하는 호주 해양 대학 등이 있다. 그리고 호주연방 과학산업연구기관(CSIRO) 및 호주 남극 분과의 국립 본부 본거지이기도 하다.

태즈매니아는 서부 해안에 광산과 미네랄 자원이 풍부하기로 유명하다. 그래서 태즈매니아주의 공정 사업은 수출에 가장 많이 도움이 된다. 2008~2009년 광산 수출은 태즈매니아주 총 수출의 44.8%를 달성하였다.

태즈매니아의 해양 역사는 1642년부터 시작되었으며 현재 태즈매니아에 있어 해양은 경제의 필수적인 부분이다. 호바트는 2012~2013년 유람선 시즌에 36번의 방문에 걸쳐 18척의 유람선을 맞이했고 호바트 방문객들이 105,000명 이상 증가하는 경제적 효과를 맞았다. 또한 천연 항구인 호바트는 세계에서 두 번째로 수심이 깊으므로 유람선을 위한 도시이다.

마지막으로 호바트는 남극대륙에서 2,575km, 종산 기지에서 4,900km 거리에 있는 남극행 세계 5대 관문 중 하나로 도시가 가진 자원으로 탐험 전후 서비스를 제공하면서 남극 선박들을 공급하고 있다. 태즈매니아의 남극 산업은 태즈매니아 남극 네트워크(TPN)을 통해 지원된다.

III. 연구내용

1. 호주의 해양교육 현황과 실태

UNESCO Bangkok에서 호주의 지속 가능성 교육이 여전히 경제나 사회, 문화와 같은 분야보다는 환경적인 문제들이 주를 이루고 있다는 지적을 할 만큼 호주는 환경에 대한 관심이 높은 나라이다. 지속 가능성이란 기존의 환경과 사회적, 경제적, 정치적, 문화적인 체제나 관점을 버리고 세대 내·세대 간의 협력을 중심으로 시간적인 측면과 지구를 조명하는 공간적인 측면에서 새로운 관점을 요구하는 것이다. 호주가 지속 가능성의 개념을 받아들인 후에 기존의 호주 해양교육에 자연환경 측면만 강조한 것이 아닌 경제·사회·정치적 의사결정의 중요성을 점차 받아들이는 것과 동시에, 자연스럽게 호주에서는 해양환경 교육이 지속가능성 교육을 포괄하는 방식으로 진화하게 되었다. 따라서 호주의 해양 교육은 환경에 대한 중요 사실·개념·이론을 배우는 교육에서 환경과의 직접적인 교감과 체험하며 느끼는 생각들을 강조하는 교육으로 발전하게 되었다.

그 예로 시드니 국립 해양 박물관은 형식적인 전시회 위주의 박물관이 아니라 다양한 체험관을 만들어 시민들이 선박이나 해양의 역사를 체험할 수 있는 방식으로 박물관을 구성해 두었다. 해양 관련 3D 영화를 관람하게 하며 해양 관련 역사를 사람들이 친숙하게 다가갈 수 있도록 했으며 다양한 시설에도 불구하고 청소년 기준 20 호주달러로 2만원의 이용료로 모든 시설을 체험할 수 있다. 그에 따라 많은 학교에서도 field trip을 박물관으로 오는 모습 또한 심심치 않게 볼 수 있다. 이처럼 호주의 교육은 다음 세대를 위한 교육에 대해 열정을 가지고 있었고, 실제로 본 연구팀이 인터뷰했던 Institute of Marine and Antarctic Studies (IMAS)에서도 다음 세대를 위한 해양 교육을 중요시하는 모습을 볼 수 있었다. 이 연구소는 주로 해양에 관련된 연구를 하며 해양 환경에 해가 될 수 있는 기업의 계획에 조언을 해주기도 하며 해양환경, 해양보존, 해양 거버넌스 학과를 전공할 수 있는 태즈메이니아 대학교의 대학원으로 운영되기도 하며 학제 간 연구에 힘쓰고 있다. 다음 세대를 위한 환경 보존을 강조하며 해양 환경을 위한 정책을 만드는 교육에도 열을 가하고 있다. 이러한 전문가들의 노력이 친숙한 바다의 이미지를 만들고 함께 보존하자는 시민들의 열의를 다져주었다고 볼 수 있다. 실제로 IMAS의 교수와 인터뷰를 진행하며 호주의 대학에서는 해양학과 타 학과 간의 학제 간 연구가 꽤나 일반적인지 물어보았다. 그는 학제 간 연구를 호주에서 꽤 오래 장려해왔으며 그 성과도 상당히 좋다고 이야기 했다. 그곳에서는 학제 간 연구를 T-Research라고 명명했다. T자 모양에서 길고 깊은 부분은 본인의 전문분야이고, 넓고 얕은 분야는 해양학, 인문학, 사회학 등의 다양한 학문의 기초학문을 익히게끔

<그림 3> IMAS의 Stweart Frusher 교수

교육한다는 것이다. 이러한 교육 시스템이 대학원생들에게는 매우 당연할 뿐 아니라 학부생들에게도 적용이 된다고 했다.

2. 해양 거버넌스

호주 호바트에는 Tasmania정부의 자금으로 운영되는 Tasmanian Polar Network라는 단체가 해양 거버넌스의 대표 단체라고 볼 수 있다. Tasmania정부와 영리단체, 해양연구소 등 남극 보존에 관심을 가진 70개 이상의 그룹이 모여 해양 수산자원의 보존과 함께 사업체를 발전시키기 위해 서로의 데이터를 공유한다. TPN은 해양 및 남극 연료, 산업 가스, 조립식 및 모듈식 빌딩, 유리섬유로 만든 이글루, 특수 트랙터와 건설 장비와 같은 광범위한 종류의 전문 서비스 및 상품이 TPN이라는 단체로 모여 남극에 위와 같은 서비스를 제공하고, 또한 호바트에 위와 같은 서비스를 찾는 사람들에게 제공하고 있는데 이러한 네트워크 형성이 지역사회 발전에 기여하는 영향도 크다고 볼 수 있다. 이익을 추구하는 영리단체와 규율을 정하는 국제기구나 정부와 해양공간의 보존을 위해 힘쓰는 연구원들이 모여 지역사회의 발전을 위한 틀을 마련한 좋은 예시라고 볼 수 있다.

Tasmania대학교의 연구소인 IMAS가 제공하는 데이터에 따라 영리단체와 정부는 해양 환경 보존을 위해 함께 힘쓴다. TPN에서 시행하는 주요 남극 관리 사업(전략)은 쓰레기 관리이다(Trash Management). 빙하가 녹으면서 수면 위로 드러나는 쓰레기들과, 각종 어업활동, 연구 활동 등으로 인해 남극에 버려져 있는 쓰레기들을 TPN에서는 적극적으로 수거해왔다. 현재 TPN에서는 여전히 작업은 진행 중이며 경과 역시 좋다고 이야기했다. 또 기관에서는 남극의 문제들을 뉴스나 TV에 자주 언급하고 인터뷰를 진행하고 남극에 어떤 일이 일어나고 있는지 자주 노출하며, 학교에서도 관련 프로그램을 진행하며 참여하게 한다. 또한 해양 박물관의 전시회를 보게 하면서 해양 발전에 시민이 참여할 수 있도록 하고 있기 때문에 Tasmania와 호주의 시민들 역시 바다와 남극이라는 공간에 대한 인식수준이 높을 수 있었다고 생각한다.

또한 남극 조약의 체결로 조직된 해양 생물 보존 위원회(CCAMLR) 역시 국제적인 거버넌스를 해양 생물 보존, 해양공간 관리, 연구 개발에 걸쳐 잘 이행하는 국제기구이다. CCAMLR의 모든 정책과 의사결정은 24개의 회원국과 EU에서 파견된 각 한 명씩의 대표단의 만장일치제로 통과된다. 의례적인 절차가 아니라 매번 이런 좋은 결과를 낼 수 있었던 것에는 회원국들의 적극성이 바탕이 되었다. 실제로

<그림 4> TPN 관계자분과 태즈메니아 주 정부 관계자

CCAMLR을 방문해 연구원인 Andrew 연구원에게 회원국 간의 갈등과, 의사결정시 회원국들의 이익 다툼은 없는지에 대해 물어보았는데 한 번도 없었다고 답변했다. 또한 한번 가입했던 국가가 어떠한 문제로 다시 탈퇴하는 경우 역시 한 번도 없었다고 답변했다.

3. 해양환경 보존 및 개발

호바트는 남극의 대표적인 관문답게 남극에 대한 관심이 아주 높았는데, 25개국이 협약을 체결한 해양 생물 보존 위원회(CCAMLR)가 호바트에 본부를 두고 있으며 남극 주변의 해양 생물을 보존하는데에 기여하고 있다. 24개국과 EU로 구성된 CCAMLR은 보호조약은 비준하지만 기관에 참여하지 않는 국가 11개국을 합하면 사실상 36개의 구성원으로 이루어져 있다. 25개의 주요 구성국 활동은 적극적으로 연구와 크릴 어획에 참여하는 것이다. 이들의 주요 목표는 수산자원을 보호하는 것으로, 과거에 무자비한 물고기의 어획으로 해양자원의 개체수가 붕괴한 적이 있다. 이와 같은 사태가 남극 생태계에 매우 중요한 크릴에 발생하는 것을 막기 위해 CCAMLR에서는 크릴과 다른 바다 생물을 보호하기로 하였다. 대체로 위원회에서는 개체 수의 회복을 위해 어업을 금지하는 일을 한다. 매해 8월에 위원회가 개최되고 있고 각국에서 파견된 대표단이 모여 예산을 짜고, 정책을 결정한다. 그 후 10월에는 2주간의 회의를 통해 환경에 대한 데이터를 제공하는 환경 시스템 전문가, 통계 전문가 등 전문가의 조언을 정책 결정에 수렴한다. CCAMLR의 결정들은 주로 보호에 관한 규제로 이루어진다. 현재는 총 78개의 conservation measure(보호 규제)이 CCAMLR에서 공식적으로 발효되었는데 크릴 어획량에 관한 규정, 선박에 관한 규정, 수집한 자료(data)에 대한 규정, 인공위성 기반 선박 모니터링 시스템 등등이 있다. 남극 남부 지역에 MPA(Marine Protected Area)를 채택하여 어업이 없는 해양환경에서 어떤 변화가 일어나는지에 대한 과학적인 연구가 진행될 수 있는 기반을 마련하기도 했다. 또, CEMP(CCAMLR Environment Monitoring Program)를 통해 보호구역에 있는 크릴을 먹이로 삼는 동물들의 변화나 개체 수를 모니터링 한다. CEMP는 정보들을 수집하여 보호구역의 환경 변화 요소를 밝혀내는 데에 목적을 두며 변화의 요인이 기후변화인지 다른 요인이 있는지를 밝혀낼 수 있다. CCAMLR의 관계자는 인터뷰에서 더 나은 해양 공간 정책을 수립하기 위해서 가장 필요한 부분이 무엇이며 약한 부분이 무엇인지에 대한 질문에 "이 분야에 대한 연구"라고 답변했다. 남극에서 연구를 진행하는 것은 비용 면에서 상당히 비싸기 때문에 남극 해양과 생태계에 대한 전문적인 연구가 많이 부족한 실정이라고 이야기했다. 남극의 해양공간관리에서, 돈과 시간보다 가장 급하게 해결해야 할 문제는 부족한 연구량임을 알 수 있었다. 앞서 언급한 CEMP 또한 연구 데이터 축적의 차원에서 매우 중요한 시스템이 될 수 있다.

<그림 5> CCAMLR Andrew 연구원

Ⅳ. 현지 인터뷰 요약

1) CCAMLR

인터뷰 진행자: Andrew. 현 CCAMLR 연구원

Q1. CCAMLR에서 더 좋은 정책을 수립하기 위해서 가장 필요한 요소는 어떤 것인가요?(정부의 지지, 예산, 충분한 연구 등)

A1. 남극은 아주 먼 장소입니다. 또한 연구 환경과 지역 환경이 매우 험하기 때문에 그곳에서 연구를 하기란 쉽지 않고 비용 역시 많이 듭니다. CCAMLR에 소속되어 있는 모든 정부가 비싼 비용 때문에 다 연구에 직접적으로 참여하지는 못합니다. 25개의 가입국 중에 오직 8개국 정도만이 CCAMLR과 연계하여 연구를 진행하고 있습니다. 제 생각에 더 나은 정책결정과 의사결정을 위해서 가장 필요한 부분은 CCAMLR 보호구역의 해양자원에 대한 더 많은 연구와 더 많은 과학 지식의 축적입니다. 단지 해양 자원뿐만이 아니라 그들이 살아가는 생태계 시스템에 대한 연구도 더욱 필요합니다. 그리고 지금 가장 중요한 것은 지금의 기후 변화가 그 생태계 시스템에 미치는 영향입니다. 더 많은 연구와 더 많은 과학적 지식들이 그 기후변화를 연구하기 위해서 필요합니다.

Q2. 현재 지구적으로 지구 온난화와 기후변화가 매우 심각한 수준까지 이르렀습니다. 전문가로써 기후변화에 대한 전망

을 듣고 싶습니다.

A2. 매우 걱정됩니다. 대기 중 온도와 이산화탄소 정도의 변화, 그리고 이들이 지구적으로 해양에 미치는 영향과 해양 온도에 미치는 영향은 세계 공동체가 마주한 가장 중요한 이슈입니다. 제가 더욱 걱정하고 염려하는 부분은 만일 우리가 CO_2배출량을 완전히 줄이고 2000년대의 CO_2배출량으로 돌아간다고 해도, CO_2는 축적되어 있기 때문에 1990년대의 환경으로 지구가 돌아가기까지는 얼마나 걸릴지 아무도 모른다는 것입니다. 저는 이러한 현실들이 매우 염려됩니다. 저는 이 현실들이 지금 우리가 직면한 가장 중요한 이슈라고 생각합니다.

Q3. 국제적인 기구에서 의사결정을 할 때는 여러 국가들의 이익이 부딪히기 마련입니다. CCAMLR에서 정책을 결정할 때는 만장일치제로 정책이 통과되나요?

A3. 네. 모든 CCAMLR의 결정은 만장일치제로 결정됩니다.

Q4. 단 한가지의 예외적인 경우도 없었나요? 한 국가, 혹은 여러 국가가 정책에 반대한 경우가? 혹은 CCAMLR에서 탈퇴한 국가들이 혹시 있었나요?

A4. 비슷하지만 아주 이례적인 예가 1986년에 한번 있었습니다. 위원회가 정책을 결정했지만 한 국가에서 위원회의 결정이 국내법 통과가 실패한 경우가 있었습니다(OPT

OUT). 아주 이례적인 경우입니다. CCAMLR이 창설된 이후 35년 이래로 단 한 번 이런 경우를 제외하고는 정책결정에 아무런 문제가 없었습니다. 또한 CCAMLR에서 탈퇴한 국가들은 없었습니다. 마지막으로 가입한 국가는 중국이고 내년에 네덜란드 역시 가입할 것으로 보입니다. 오히려 더 확장하고 있습니다.

Q5. CCAMLR에서 가입국간의 유대와 협력관계가 끈끈한 편인가요?

A5. 꽤나 강력한 협력관계입니다. 각자의 방법과 방식으로 CCAMLR과 협력하고 있습니다. 몇몇 국가들은 아주 깊게 모든 CCAMLR의 활동에 관여하고 있습니다. 가장 주요한 활동국은 미국, 호주, 뉴질랜드, 영국입니다. 한국도 꽤 깊게 관여하는 편입니다. 한국의 경우 2012년 전후에 실적이 별로 좋지 못했지만 그 이후에는 아주 좋은 성과를 내고 있습니다.

Q6. 호주 사람들은 환경과 해양환경에 대해서 아주 깊은 관심을 가지고 있습니다. 어떻게 그런 국민성을 가질 수 있었나요?

A6. 호주는 넓은 영토를 가지고 있습니다. 면적당 인구도 적은 편입니다. 자연스럽게 우리들은 자연환경을 접할 기회가 많았고, 자연스럽게 사람들도 자연환경에 관심을 가지게 된 것 같습니다.

Q7. 정부차원에서 교육을 할 때 환경에 대해 신경을 많이 쓰는 편인가요?

A7. 교육도 물론 신경을 쓰긴 하지만 많은 NGO단체들과 자원봉사단체가 활동을 적극적으로 하는 편입니다. 그들의 활동이 자연스럽게 환경에 대한 인식을 사람들에게 심어준 것 같습니다. 정부 차원에서도 현 정부와 이전 정부 모두 환경이 호주에 매우 중요하다는 것을 알고 있던 정부였습니다. 환경에 대한 규제도 매우 심합니다. 또한 거리 곳곳에 쓰레기통이 많이 비치되어 있습니다. 사람들은 그곳에 쓰레기를 버리기도 하지만 많은 사람들이 쓰레기를 집으로 가져가는 편입니다.

2) Tasmanian Polar Network

Q1. 쓰레기 처리를 어떻게 하나요?

A1. 얼음으로 콘크리트처럼 얼려있을 때엔 아무 문제가 되지 않습니다. 얼음이 녹아서 쓰레기를 발견하면 치우고 화학작용으로 없어질 오염물질이라면 몇몇 기업들이 화학처리로 오염물질을 없애기도 합니다.

Q2. 호주사람들의 남극에 대한 인식이 높다고 여겨집니다.

A2. TPN의 일의 일부입니다. 시민들이 와서 참여하게 하고 뉴스나 TV에 자주 남극에 대해 언급하고 인터뷰와 남극에

어떤 일이 일어나고 있는지 자주 노출시키고 있기 때문에 다른 곳 보다는 인식이 높다고 할 수 있습니다. 학교에서도 박물관에서 프로그램을 진행하면 참여하게 하고 전시회를 보게 하면서 남극에 대한 교육을 하고 있습니다.

Q3. TPN 같은 거버넌스가 많이 필요하다고 생각하다고 생각하는데 어떻게 이러한 거버넌스를 조직하게 되었습니까?

A3. 호주 같은 경우에는 영리단체들도 남극에 대해 뭔가를 제공하고 싶어 했습니다. 연구자나 기업들이 해양에 대해 관심을 가지고 부경대학교 같은 학교와 협업하여 뭔가를 바꾸려고 한다면 이러한 조직을 만들 수 있다고 생각됩니다. 실용적인 정책을 만드는 단체와 그러한 정책을 따를 기업이거나 연구원과 정부가 필요하다고 생각됩니다. 사실상 정부가 각 분야의 사람들이 관심을 가지도록 했기 때문에 TPN이 성공적일 수 있었습니다.

Q4. 호주 정부는 TPN 얼마나 관여하나요?

A4. 호주 정부가 아닌 태즈매니아 정부 차원에서 자금을 대고 있습니다. 미팅을 하거나 조직적인 일을 할 때 장소를 제공하기도 합니다.

3) Institute of Marine and Antarctic Studies (IMAS)

인터뷰 진행자: Stewart Frusher 교수님. 현직 IMAS 교수

Q1. 태즈매니아 주 정부가 당신들의 연구를 지원하고 회사들에게 조언하나요?

A1. 태즈매니아 정부 해양자원 규제기관이 코멘트를 해주고, 레크리에이션 어업은 필요 없지만 그 이외의 어업은 라이센스가 필요하므로 어업 조합을 위한 라이센스를 할당해주고, 어업 회사는 주로 어업에 대한 모니터링과 어업 권리 할당에 대해 일을 하며 얼마나 그들이 어업을 할 것인가를 측정합니다. 태즈매니아 정부는 주 정부의 해양조사 협조 조항에 따라 연구를 위해 매년 300~500만 달러를 제공합니다.

Q2. 회사들은 항상 자기들의 이익을 우선적으로 추구합니다. 그런데 회사들이 정말 당신들(IMAS)의 의견을 수용합니까?

A2. 우리는 가끔 위로가고 아래로 가는 것 때문에 롤러코스터 길이라 부릅니다. 과정에 있어서 결과가 나올 때 한 그룹은 동의하고 다른 그룹은 반대하고 그러면서 갈등이 생기기 때문입니다. 그래서 우리가 하고 있으면서 가장 중요한건 그 두 그룹간의 신뢰입니다. 그들이 당신을 신뢰하고 결과를 신뢰하면 그 그룹들이 원하는 길이건 아니건 받아들이는 것을 인정합니다. 대부분의 바다에 대해서 일하고 있는 회사들은 바다에 대해서 조사하는 사람들을 인지해야만 합

니다. 그리고 그들은 지속 가능한 시스템의 이용과 바다를 손상 입히지 않고 싶기 때문에 많은 사람들은 강한 믿음을 가지고 있습니다.

V. 나가며

본 연구팀은 호주 시드니와 호바트 두 도시의 생태계와 해양산업 동향 등을 분석하였고 해양 공간의 이용자들 간 갈등 없이 관리하는 지에 대해 조사하였다. 앞으로 부산의 신 해양산업을 개발하는데 있어 걸림돌이 없도록 도울 수 있는 연구가 되리라 생각한다. 또한 부산은 세계적으로 많은 관광객을 보유한 도시인만큼 앞으로 방문하는 관광객들이 불편함 없이 여행하는 도시이자 지역주민들에게 경제적으로 활성화되는 해양수도가 되기 위한 발판이 될 것이라고 예상한다. 부산이 해양 도시로서 발돋움하기 위해 해양 관련 혹은 지역연구 관련 학생들이 해양공간관리라는 것을 인식하고 앞으로 더 발전시킬 수 있도록 하는 것에 연구의 목적을 두었다. 우리나라는 해양공간관리 정보체계 제도 미비로 해양공간관리 정책 지원을 위한 정보의 활용 수준은 매우 낮은 실정이다. 호주의 Tasmanian Polar Network처럼 해양 관련 산업체와 정부 기관, 연구소의 참여가 절실하다고 느껴졌으며 무분별한 벤치마킹이 아니라 우리나라의 실정에 해양 정보 거버넌스 체계 구축이 마련되어져야 한다고 생각한다. 이를 위해 정부의 적극적인 관심과 지원이 절실한 상황이다. 또, 해양 공간을 보존하고자 하는 시민들의 인식이 필요하며, 이를 위한 교육은 반드시 병행돼야 한다는 것을 알 수 있었다.

참고문헌

<저서>
남정호, 『연안·해양보호구역의 통합관리체제 구축 연구』, 한국해양수산개
　　발원, 2004년
한국해양수산개발원, 『제2차 해양수산발전기본계획 수립 연구(2011~2020)』,
　　국토해양부, 2009년
최희정 외, 『해양자원의 최적 이용을 위한 해양공간계획 수립 연구』, 한국
　　해양수산개발원, 2011년

<논문>
채동렬, 「해양공간계획(MSP)제도 도입의 필요성에 관한 연구」, 『해양환경
　　안전학회지』 제15권 3호, 2009년
최희정, 「미국의 해양공간계획 정책방향과 시사점」, 『해양국토21』 제5권,
　　2010년
정지호, 「해양용도구역제 해외사례 분석 및 국내 활용방향」, 『해양국토21』
　　제5권, 2010년

┌─ **<여행소감 한 마디>** ─────────────────────────

　호주에서는 인문학도들이 다양한 해양과학과, 타 전공의 학문을 쉽게 접할 수 있
다. 그곳에서는 이것을 T-research라고 불렀다. T자 모양에서 깊은 부분은 본인의 전
공분야이지만 옆으로 길게 뻗은 부분은 타과에 대한 기본적인 소양과 이해와 지식이
었다. 호주대학에서는 기본적으로 본인의 전공분야에만 몰두하지 않고 그것을 이해하
기위해 다양한 학문의 기초교양들을 필수적으로 이수시킨다. 우리나라에서도 이제 막
융합형 인재를 양성하는 단계에 있는데 이미 이런 움직임이 널리 퍼진 호주에 가서
직접 듣고 겪어보니 나도 내 전공분야만 열심히 공부할 것이 아니라 그것과 연관된
많은 정보들을 함께 공부해야겠다고 생각했다.(하태준-국제지역학부)

별첨 2. 호주팀 해양산업 성과발표회 PPT

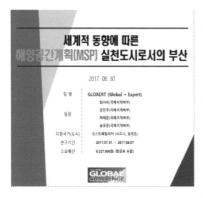

3. 해양 거버넌스

-이 외에도 광범위한 종류의 전문 서비스 및 상품이 TPN 으로 모여 남극에 서비스 제공.
 - 지역사회 발전과 해양 산업을 위한 틀 마련

Antarctic research　　Marine research　　Weather and ice Forecasting

Waste management　Antarctic policy and regulation

3. 해양 거버넌스

남극 조약 체결로 조직된 CCAMLR
- 국제적 거버넌스를 해양 생물 보존, 해양 공간 관리, 연구 개발에 걸쳐 이행하는 국제기구

4. 해양환경 보존 및 개발

수산 자원 보호
- 매해 10월 2주간 화의를 통한 정책결정
- 공식적인 78개의 보호규제
　·크릴 어획량에 관한 규정
　·선박에 관한 규정
　·수집한 자료에 대한 규정
　·인공위성기반 선박 모니터링 시스템 등
- 남극 남부 지역의 MPA설정
　· 어업이 없는 해양환경의 변화 연구
- CEMP (CCAMLR Environment Monitoring Program)
　· MPA에 생물 변화나 개체수 모니터링
　·환경 변화 요소 원인 연구

4. 해양환경 보존 및 개발

시드니 동부 해안 환경 보호 및 발전
-본다이 비치 - 쿠지 비치 해안 산책로 조성
· 인위적인 길이 아닌 자연 그대로의 길
· 해안 근처 편의 시설
· 공원 조성
· 휴식공간 및 쓰레기통 비치

5. 연구결과

1. 자연을 직접적으로 느끼고 배울 수 있는 교육이 필요
2. 기후변화와 해양 생태계의 중요성 인식
3. 해양연구의 필요성
4. 방문했던 기관들과 호주의 노력이 주는 영향력

국가체제도 중요하지만 시민들의 인식이 더욱 중요

So how can Korea strengthen its engagement in CCAMLR?

Answer:

Building on the work of **Ms Myo-in Chang** during her internship with the Secretariat in 2015.......

5. 연구결과

1. 자연을 직접적으로 느끼고 배울 수 있는 교육이 필요
2. 기후변화와 해양 생태계의 중요성 인식
3. 해양연구의 필요성
4. 방문했던 기관들과 호주의 노력이 주는 영향력

국가체제도 중요하지만 시민들의 인식이 더욱 중요

So how can Korea strengthen its engagement in CCAMLR?

Answer:

Building on the work of **Ms Myo-in Chang** during her internship with the Secretariat in 2015.......

〈부록〉CORE 프로그램 참가자 수기 공모전 우수작

포르투갈에 간 돛단배

김종호(사학과)

　이제 막 초등학교를 다니던 어린 필자에게는 범선과 뱃사람에 대한 로망이 있었다. 지금 생각해보면 아마도 대항해시대를 배경으로 하던 동명의 게임과 해적이 나오던 만화와 영화, 그리고 배를 타시던 아버지에 대한 동경이 섞여서 탄생한 로망인 것 같다. 한번 바다에 빠져버리니 이후 그 로망은 점점 커졌다. 술이 무엇인지 모르면서 소설『보물섬』에 나오는 럼주 한잔이 그렇게 매력적일 수가 없었다. 당연히 멋있는 해적이 나오는 영화는 몇 번을 돌려봤고 대사를 따라했고 언젠가 범선을 타고 대양을 횡단하는 콜럼버스 같은 항해사의 꿈을 키웠었다. 조금 머리가 굵어지고 나서 더 이상 현 시대의 범선은 매력적인 항해수단이 아니라는 사실을 깨달았지만 여전히 본인에게 대항해시대는 꿈과 낭만의 시대였다. 그러던 중『대항해시대: 해상 팽창과 근대세계의 형성』이라는 책이 있다는 사실을 알았다. 호기심 반, 호승심 반으로 책을 구매해서 읽었다. 당시의 필자에게 주경철의 저서는 너무도 어려웠다. 처음 보는 두꺼운 분량에 내용은 어려워 무슨 설명인지 정확히 이해하지도 못하면서 책을 읽었다. 이해하고 싶은 마음에 읽고 생각하고를 반복하면서 마침내 책을 다 읽은 순간 어린 시절부터 가지고 있던 낭만이 상처를 입었다. 소설 속 럼주를 마시던 해적과 뱃사람에 대한 낭만은 물이 썩어 어쩔 수 없이 마셨다는 현실에서 비롯되었다는 사실을 안 순간 처음으로 역사에 대한 관심을 가지게 되었다.

낭만이 현실이 된 충격적인 전환기에도 여전히 필자는 바다에 대한 로망과 관심을 유지했다. 여전히 범선을 타보고 싶었으며 항해와 발견, 그리고 콜럼버스를 동경했고 럼주를 마셔보고 싶었다. 다만 이전과 바뀐 점이 있다면 낭만에 대해 질문을 시작했다는 것이다. 내가 알던 낭만이 진짜인지, 진짜라면 왜 그렇게 했는지, 그런 유형의 질문이었다. 그러나 아쉽게도 그때의 필자는 질문의 수준이 높지도 못했으며 스스로 던진 질문에 생각을 할 만큼 성숙하지도 못했다. 그때 필자는 바다에 대해 전혀 몰랐으며 역사적 배경지식도 거의 없었다. 당연하게도 내가 그것을 왜 궁금해 하는지, 그리고 궁금하게 생각해서 어디에 쓸 것인지와 같은 질문에 대답할 수 없었다. 고등학생이 할 수 있는 직·간접적 경험으로는 도저히 해결할 수 없는 문제였다.

그러다 대학생이 되었다. 역사에 흥미를 가지게 된 필자는 사학과에 들어갈 수 있었다. 공부를 했고, 배경지식을 조금이나마 쌓을 수 있었고 생각하는 방법도 조금씩 배웠다. 한편 여전히 바다에 대한 로망은 간직하고 있었다. '배를 타서 바다를 겪어보자'라는 생각으로 해군에 지원을 했고 해군으로 복무를 하면서 배를 탈 수 있었다. 힘들었지만 내가 해보고 싶던 일이었기에 후회는 하지 않았다. 나름 재미있게 배를 탔고 전역을 해서 복학을 했다. 이때 처음 CORE사업단에 존재를 알았다. 더불어 '해양인문학'이라는 개념도 처음 알았다. 지금에서야 후회하는 사실이지만 처음 복학하고서는 CORE에 대한 관심을 가지지 않았다. 학생을 위한 여러 프로그램을 진행하고 있다는 사실은 알았지만 딱히 '내가 해야지'라는 생각을 해본 적은 없었다. 새로운 무언가를 시도하는 것이 두려웠던 것도 있고 떨어지면 어쩌지 하는 불안감도 있었던 것 같다. 그렇게 멀리서 지켜보다우연히 Global Challenge사업이 진행되고 있으며 현지조사 목표 중포르투갈이 포함되어 있다는 사실을 알게 되었다. 대항해시대, 바다,해양사라는 주제에 관심을 가지고 살아가는 필자에게 포르투갈 현지조사는 너무나도 매려적인 사업이었다. 지원하기 전부터 현지에서연구할 포르투갈의 역사와 문화에 심장이 두근거렸고 부족한 실력이지만 최선을 다해 연구계획서를 작성했다. 다행히 현지조사 사업에 참가할 수 있었을 때 이미 마음은 포르투갈로 떠나 있었다.

처음 인솔 교수님과 함께 하는 팀원을 만난 날, 필자는 조금 당황했다. 본인을 포함한 팀원은 다양한 학과로 구성되었으며 다양한 능력을 가지고 있었기 때문이다. 사학과로 책 속의 논리를 읽는 법을 주로 배운 본인과는 달리 팀원들은 현실적이면서도 사업적인 마인드를 갖추고 있었다. 가령 필자는 대항해시대 당시의 여러 인물들의 행적이나 항해 등의 역사적 사건을 다른 팀원보다는조금 더 알고 있었다. 그러나 함께 한 동료들은 현재 포르투갈이 처한 정치적·경제적 상황과 위기를 알고 있었으며 관심사 역시 더현실적이었다. 생각하는 방식과 문제를 바라보는 시선이 본인과는달랐으며 그런 팀원들과 대화를 할수록 단순하게 역사탐방을 생각하고 있던 본인의 얕은 생각에 경종이 울렸다. 첫 만남에서 현지조사의 목적과 표어가 정해졌다.

본 연구팀은 '대항해시대를 이끈 포르투갈의 어제와 오늘'이라는표어를 현지조사의 주제로 삼았다. 표어에서 나타나듯 본 연구팀은역사에 기초해 포르투갈의 현재를 이해하고자 했다. 즉 포르투갈이왜 해양에 진출했는지, 어떻게 대항해시대를 시작했는지, 성공할 수 있던 근거는 무엇이며 결국 바다에서의 패권을 상실할 수밖에 없던 이유는 무엇인지를 조사, 그것이 현재 포르투갈이라는 나라를 어떻게 변화시켰으며 어떻게 구성되어 있는지를 탐구하는 것이 목적이었다. 나아가 포르투갈의 어제와 오늘이 우리의 해양인문학과 우리가 사는 부산이라는 도시에 어떤 조언을 해줄 수 있는지를 찾는 것이 우리조의 목적이었다. 우리는 포르투갈에서 국내의 문헌이나 인터넷에서 얻을 수 있는 단편적인 정보 이상의, 우리의 시선으로 확인할 수 있는 조사를 하고자 했다. 자연스럽게 현지조사는 상당한 예비조사를 필요로 했다.

그중에서 본인의 예비조사는 크게 두 가지였다. 본인이 팀의 다른 학우보다 조금이나마 더 잘하고 많이 아는 것, 즉 대항해시대를 전후한 포르투갈의 역사였다. 본인이 그 분야에 대해 전문가라거나 혹은 남들보다 많은 지식을 가지고 있던 것은 아니었지만 다른 학우들에게 본인이 충격을 받은 것처럼, 내가 가진 다른 생각을 다른 학우들에게 설명하고자 했다. 또 하나의 길은 다른 학우의 도움을 받아 지금의 포르투갈을 배우는 것이었다. 특히 팀원이 특기를 살려 알려주는 것들이 재미있었다. 요트스테이 사업을 하는 팀원에게서 포르투갈의 해양산업과 같은 경제적 분야와 그와 연동된 여러 해양관광산업을 공부할 수 있었다. 한편 스페인어를 공부하고 있으며 문학작품에 관심이 많은 학우에게서는 리스본행 야간열차 같은 포르투갈의 문학작품에 대한 소개와 배경을 배울 수 있었다. 현지조사를 위한 예비조사를 진행할수록 포르투갈 현지조사의 날짜가 다가왔다.

현지조사에서 무슨 일이 있었으며 자연환경, 건축물, 기념비와 사람, 그리고 음식까지 얼마나 많은 분야에서 얼마나 많은 공부를 했는지, 그리고 그 배움이 얼마나 내 앞으로의 공부와 진로에 영향을 주었는지 서술하기에는 주어진 지면이 너무 짧아 안타깝다. 때문에 현지조사에서 느끼고 배운 것 가운데 가장 중요한 일부와 그것을 바탕으로 변화한 본인의 생각을 서술하겠다.

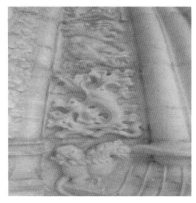

<그림 1> 제로니무스   <그림 2> 제로니무스
수도원의 산호문양 장식   수도원의 홋줄문양 장식

 현지조사에서 가장 인상적이었던 부분 중 하나는 포르투갈의 해양인문학이 우리와는 달리 광범위한 부분에서 쉽게 찾아볼 수 있다는 사실이다. 물론 한국에도 사적지나 유물 등에서 해양요소를 찾지 못하는 것은 아니다. 그러나 포르투갈의 해양문화는 문화를 향유하는 계급을 막론하고 보편적으로 찾을 수 있다는 특징이 있다. 사진에 나타난 왕궁은 물론, 민가의 집과 성당 등에서도 해양과 관련한 많은 요소를 찾을 수 있었다. 특히 본인이 충격을 받은 것은 여러 건축물에서 나타나는 홋줄 모양의 조각이었다. 육지에서는 제한적인 용도로 사용되는 줄은 해상에서는 출입항과 계류, 물건의 출납 등 여러 분야에서 가장 중요한 도구로 사용된다. 그런데 왕궁과 수도원 등에서 홋

줄 모양의 조각을 장식용으로 사용한다는 것은 가장 보수적이면서 높은 수준의 문화를 향유하던 왕실이 해상에서의 줄의 중요성을 인식하고 있었으며 장식으로 사용할 정도로 해양 문화에 친숙했다는 추론을 할 수 있었다. 그 친숙함은 포르투갈의 해양진출에 대한 역사적 경험에서 근거한 것 일테니 현재 포르투갈이 해양문화사업에서 강점을 가지고 있다는 사실을 더 직관적으로 받아들일 수 있었다.

<그림 3> 페나 궁전의 산호문양 장식   <그림 4> 페나 궁전의 홋줄문양 장식

재미있던 사실은 리스본과 포르투, 신트라라는 서로 다른 도시가 각자의 해양사의 경험을 서로 다르게 해석하고 있다는 사실이었다. 각 도시들은 도시적인 특징을 살렸고 때로는 해양사의 부분을 도시의 특징으로 연결시키고는 했다. 특히 포르투의 경우 시에서 주관하는 것 중 하나로 선박을 타고 포르투를 보는 체험이 있었다. 본인은 그 체험에서 큰 감명을 받았는데 육지에서 바다를 보던 시선을 단지 바다에서 육지로 바꿨을 뿐인데 도시의 이름이 왜 'PORTO', 우리 말로는 '항구'인지를 쉽게 깨달을 수 있었기 때문이다. 바뀐 것은 본

인의 시선이 전환되었다는 사실 밖에 없었다. 그 경험 이후 필자는 포르투갈 현지조사는 육지에서 바라보던 시각을 전환해 해양에서 바라보고자 노력했다. 포르투갈에 널리 퍼진 해양인문학은 결국 육지가 아닌 바다에서 바라보던 시선에서 만들어지고 창조되었기 때문이다. 즉 해양인문학을 바로 이해하고자 한다면 우리에게 익숙한 육지 중심적인 시선을 변화시켜야 했다.

이와는 별개로 본인은 조금은 소름이 끼쳤던 부분이 있다. 여러 해양 관련 사적지의 소개에서 민족주의가 기저에 진하게 깔려있다는 사실이었다. 이는 상기한 포르투갈이 해양인문학이 가지는 친숙함에 더해져 일반적으로 접근하기 쉽도록 설계되어 있었다. 예를 들어보겠다. 본 연구팀은 리스본에 있던 '국립 고대 미술관'에 갔었다. 박물관은 유럽의 미술작품을 전시한 유럽관과 포르투갈의 역사를 설명하는 포르투갈관으로 분리되어 있었다. 박물관은 포르투갈을 유럽의 가치관을 공유하는 유럽 국가면서 해양진출을 통해 브라질과 남미, 서아프리카, 그리고 인도양 세계를 연결시킨 선구적인 개척자로 설명하고 있다. 직접 묘사하고 있지는 않지만 설명의 결론은 남미에 가톨릭을 전파시켰으며 남미에서의 가톨릭의 발전을 포르투갈이 일부 수용했다는 성모상에 달린 설명처럼, 유럽국가인 포르투갈의 '계몽'으로 묘사되는 측면이 강하다.

<그림 5> 국립 고대미술관에 전시되어 있는
바스코 다 가마의 캘리컷 도착을 묘사한 그림.

민족주의의 강조는 다른 부분에서도 쉽게 찾아볼 수 있다. 바스코 다 가마와 엔리케는 여러 장소에서 개척자 영웅으로 묘사되며 그들의 캐릭터를 이용하는 요트, 유람선, 기념품이 성업을 이루고 있었다. 여러 사적지 역시 포르투갈의 역사를 소개하면서 개척자, 항해자의 형상을 강조하고 있다. 또한 포르투갈이 그런 역사적 경험을 할 수 있었던 이유를 이슬람과의 투쟁과 함께 자국의 상업 발전에 따른 결과로 묘사한다. 그것이 틀린 말은 아니지만 자국 중심주의와 유럽중심주의의 색체가 묻어나고 있음은 말할 것도 없다. 심지어 다 가마의 인도항로 개척 500주년을 기념하는 발견 기념비는 이름부터 '발견 기념비'이다. 포르투갈은 자국의 항해사를 긍정적인 면모를 강조하며 활용하고 있었다. 철저하게 민족주의적인 시각에서 말이다. 유럽연합이라는, 국민국가를 초월한 정치체에 속해있는 포르투갈이 여전히 민족주의적 시각으로 자국을 선전하고 있다는 사실이 인상적이었다.

마지막으로 필자는 포르투갈의 해양사에서 등장하는 중국과 일본의 존재감에 놀랐다. 대항해시대라 불리는 해양 진출의 시대에서 중국과 일본이 한국보다 압도적으로 많은 교류를 한 것은 이미 알고 있었다. 그러나 철저한 해금(海禁)을 취했던 우리의 역사적 경험에 빗대어 포르투갈에 존재하는 일본과 중국의 해양 경험이 필자는 부러웠다. 물론 그 묘사가 긍정적이라 해서 꼭 긍정적인 부분인 것은 아니다. 대항해시대기의 일본·중국에 대한 묘사는 환상적인 국가로 되어있다. 반면 포르투에 있는 볼사궁전에서 일본의 묘사는 포르투갈과 함께 교류하는 제국주의 국가의 하나로 설명되어 진다. 동아시아가 다른 체제일 때는 환상적인 국가로 오해를 하더니 근대화 이후 일본이 유럽의 제국주의 국가와 비슷한 체제가 되자 사업 파트너로 함께하는 모습이 아이러니했다. 그럼에도 이웃한 나라의 해양과 교류의 역사가 먼 포르투갈에 까지 있다는 사실은 일본과 중국이 우리보다 해양인문학 분야에서 발전했다는 사실을 떠올리게 했다. 만약 해양인문학을 육성한다면 우리는 어떤 경험을 찾아야 하는 것일까?

마지막으로 필자는 포르투갈 현지조사에서 느낀 바를 정리해 본인의 생각을 말하고자 한다. 본인은 포르투갈 현지조사를 통해 해양사와 해양인문학에 대해 많은 생각을 하게 되었다. 그리고 마침내 본인이 도달한 질문은 결국 우리의 문제였다. 포르투갈의 해양인문학은 보편적이면서도 지역적인 특색을 더해주고 있었다. 그것은 아마도 해양사와 해양인문학이 가지는 특징이라는 생각을 하게 되었다. 바다는 서로 떨어진, 육지와 육지의 한계를 초월시켜준다. 서로 다른 문화권과 지리적 특징을 가지고 있더라도 바다를 통해 두 지역은 교류할 수 있다. 그럼에도 두 지역사이의 공간적 한계는 뚜렷하며 결과적으로 독자적인 문화가 발전하게 된다. 이 특수한 관계가 바로 해양도시를 설명하는 핵심적인 키워드라는 생각이 들었다. 바로 그 점을, 포르투갈은 도시의 지역성을 살리는 방향으로 활용하고 있다. 그러나 포르투갈의 해양사는 국가중심의 관념이 들어가 있다. 가장 큰 이유는 왕실까지 해양문화를 즐길 정도로 익숙했다는 사실이며 이후 근대시기에 민족주의관념에서 해양사를 활용하면서 지금의 묘사가 가능했다고 생각한다. 포르투갈의 해양진출에 있어 부정적인 면모를 배제한, '개척자 포르투갈'의 설명은 바로 이 맥락에서 출현했다고 생각한다.

그렇다면 우리는 우리의 해양사와 해양인문학을 연구하는 시점에서 포르투갈의 사례를 어떻게 생각해야 할까 라는 질문을 마음에 품게 된다. 우리는 포르투갈에 비해 해양으로 진출한 역사가 단편적이며 그나마도 단절되어 있었다. 때문에 필자는 국내에서의 해양사 연구는 어려운 부분이 많다고 생각하다. 물론 서남해안의 섬을 중심으로 하는 해양사처럼 국내에서도 관점에 따라 여러 해대부분의 해양사 연구는 특정 인물과 사건을 중심으로, 그것도 민족주의 적인 해석의 여지가 다분하게 연구되었다고 생각한다. 그러나 가장 중요한 문제는 대부분의 해양 인문학 연구가 여전히 육지중심적인 시선에서 행해지고 있다는 사실이라고 본 필자는 깨닫게 되었다. 사실 이는 어쩔 수 없는 일이라고 생각한다. 우리는 오랫동안 육지에서 살았으며 육지만을 삶의 터전으로 생각하고 살았다. 또한 각 지역의 정체성보다는 중앙에 것을 중요하게 생각했으며 지역의 정체성은 종종 탄압받았다. 필자가 포르투갈에서 느낀 해양사는 서로 다름에서 시작한다는 사실이었다. 다르기 때문에 교류가 일어나며 해양은 그 교류가 이루어지는 가장 유용한 장소이기 때문이다. 그러나 우리의 인식은 그러지 못했으며 당연히 우리의 해양사는 동아시아의 주변 나라보다 부족한 현실에 이르게 되었다고 생각한다. 때문에 우리가 해양사와 해양인문학을 진정으로 자립시키고 연구하고자 한다면 어려운 일이겠지만 우리 역시 바다에서 우리를 바라보는 시선의 전환이 필요하다고 느꼈다. 나의 시선이 육지에서 바다를 바라보는 좁은 시야에 한정되어 있다면 해양 인문학의 진정한 면모를 알 수 없다고 생각하기 때문이다. 만약 그런 시선의 전환이 가능해진다면 중앙정부 중심의 시선 역시 어느 정도 벗어날 수 있다고 생각하게 되었다.

본인은 포르투갈 현지조사에서 내가 왜 해양사와 해양인문학을 공부해야 하는지 끊임없이 되물었으며 나름의 답을 찾았다. 본인이 아이러니하게 여긴 사실은 포르투갈의 해양진출의 역사가 있으며 해양인문학이 상당히 보편적으로 이용되고 있음에도 불구하고 근대 이후 해양의 산업적인 측면에서는 한국이 더 영향력이 있다는 사실이다. 인문학을 공부하는 사람으로 우리의 해양산업에서의 위상은 어떤 인문학적 이유에 근거를 두고 있는지 궁금하다. 한국의 해양산업의 성장과 부산이라는 항구도시의 성장을 두고 정치·경제학에서의 설명을 긍정하지만, 그럼에도 본인은 더 역사적인 맥락에서, 그리고 해양인문학적 맥락에서 두 주제에 대해서 어떤 식의 배경이 있었는지 아직은 모르겠다. 때문에 필자는 이번 포르투갈 현지조사에서 우리가 연구해야 하는 해양인문학은 어느 수준에서는 대한민국이라는 나라와 부산, 인천 등의 여러 해양도시의 해양인문학적 정체성을 만드는, 혹은 찾는 과정이라고 생각하게 되었다.

그 과정에서 주의해야 할 것은 과도한 민족주의적인 해석을 주의하는 것이다. 본인은 포르투갈의 해양 사적지에 있는 민족주의적 해석을 두고 위험하다는 생각을 했다. 포르투갈의 해양사가 일견 밝은 부분이 없는 것은 아니지만 노예제도와 원주민 수탈, 폭력적인 식민도시체제 등 부정적인 면모 역시 많았다. 또한 포르투갈 내부에서도 해양진출 과정에서 많은 인명피해가 있었다. 민족주의의 요구에 의해 해양사의 밝은 부분만 강조하는 모습은 분명 우리가 개척해 나가야 하는 해양인문학에게도 무겁게 다가온다고 생각한다. 더 의견을 넓혀 해양인문학의 연구과정에서 일종의 중심주의를 조심해야 한다고 생각한다. 포르투갈의 서사는 많은 부분에서 유럽을 우위에 두는 시각이 깔려있다. 뿐만 아니라 교류가 강조되는 해양사에서 교류의 한 쪽 축에 대해서 강조하고 있다. 해양을 통한 교류는 결국 서로 다른 두 집단이 공동으로 전개하는 작업이다. 즉 우리가 우리를 위하여, 혹은 동아시아에 국한된 해양인문학의 해석을 하게 된다면 해양인문학 연구는 특정 시점에 한정되며 나아가 그 특성도 오독할 수 있기 때문이다.

진부한 이야기 일 수 있지만, CORE 사업단의 Global Challenge 사업에 의한 포르투갈 현지조사에 참여하면서 정말 많은 것을 보고 배웠다. 무엇보다 본인에게 있어 이번 사업에 참가는 육지 중심적으로 생각하던 본인의 시선을 조금 다른 방향으로 돌려주었다는 것이다. 한편으로는 본인이 어린 시절부터 꿈꾸던 낭만에 한 발자국 다가갈 수 있던 기회였으며 동시에 해양사에 본인이 공부를 해야 하는 이유를 깨닫게 해준 프로그램 이었다. 소중한 기회를 준 부경대 CORE사업단에 감사를 표하고 더불어 현지조사를 함께 진행해주신 박원용 교수님과 팀원들에게도 감사를 표한다.

부경대학교 대학인문역량강화사업단

본 사업단은 2016년-2019년 2월까지 정부(교육부)의 재원으로 한국연구재단 대학인문역량강화사업의 지원을 받아 인문학의 진흥과 발전을 위해 총 3개모델(글로벌지역학, 인문기반융합, 기초학문심화)에 걸쳐 수행되었습니다.

해양인문학으로 부산의 미래를 꿈꾸다(Ⅰ)

초판인쇄 2019년 02월 25일
초판발행 2019년 02월 25일

지은이 부경대학교 대학인문역량강화사업단
펴낸이 채종준
펴낸곳 한국학술정보㈜
주소 경기도 파주시 회동길 230(문발동)
전화 031) 908-3181(대표)
팩스 031) 908-3189
홈페이지 http://ebook.kstudy.com
전자우편 출판사업부 publish@kstudy.com
등록 제일산-115호(2000. 6. 19)

ISBN 978-89-268-8790-5 93080

이 책은 한국학술정보(주)와 저작자의 지적 재산으로서 무단 전재와 복제를 금합니다.
책에 대한 더 나은 생각, 끊임없는 고민, 독자를 생각하는 마음으로 보다 좋은 책을 만들어갑니다.